Liebesmärchen

Printed in Austria by Ueberreuter, Korneuburg
ISBN 3-7017-0865-7

FOLKE TEGETTHOFF

Liebesmärchen

EDITION DAS MÄRCHENSCHIFF
IM RESIDENZ VERLAG

Wem anderen als der Liebe und dem Märchen selbst könnte ich dieses Buch widmen, aber ich danke DIR, daß du mein Auge, meine Hand, mein Gedanke warst.

Inhalt

Vogel und Baum

Wie ein Geschenk auf flacher Hand: Ein Hügel in weiter Ebene. Darauf in Habachtstellung – ein Baum. Der Wind hatte ihn gepflanzt, zu seinem Vergnügen, für seinen Zeitvertreib. Er tobte um ihn, verfing sich in ihm, hatte ganz Besitz von ihm ergriffen. Dieser Umstand wird es wohl gewesen sein, der diesen Baum zu etwas Besonderem machte.

Er fühlte.

Ja, er fühlte mit seinem ganzen Herzen; das er besaß. Nicht dort, wo ihm vor zwei Jahren ein Liebespaar eines geschnitzt hatte: L schießt Pfeil durch Herz von F. Nicht dort. Er liebte es, die Sonne auf langen Strahlen daherstelzen zu sehen. – Wenn sie Leben auf sein Land hauchte.

Wenn der Mond sich ein Loch in das Schwarz schnitt und alles versilberte.

Er liebte es zu sehen. Immer wieder dieses Land zu sehen. Es lag zu seinen Wurzeln und war doch nicht zu erreichen.

Wenn aber die Wolkengesellschaft Platz nahm, wollte er am liebsten gefällt werden. Unverschämt grau nebelte sie oft tagelang. Dann empfand er eine tiefe Einsamkeit. Eine Sehnsucht hinunterzulaufen ins Land,

hinter die Begrenzung, die ihm als das Ende der Welt erschien.
An einem solchen Nebeltage kam ein Gast. Zu sehen war er nicht. Nur das zarte Schwingen eines Astes verriet seine Ankunft. – Ab in das Dickicht der Blätter.
Dort begann er zu singen. Nein, es war kein ›Singen‹: So wie diese Melodie würde es klingen, hätte ein Tauber einem Blinden etwas zu erzählen. Den Baum trafen die Schwingungen bis tief in die Wurzeln.
»Wer bist du?« fragte er.
»Bin ein Vogel«, kam es zurück.
Nun, Vögel waren schon viele dagewesen. Aber keiner hatte dem Baum ein Lied gesungen. Keiner. Sie waren gelandet, hatten sich genommen, was sie nehmen wollten, und waren wieder aufgeflogen. Nichts von der Zartheit, mit der dieser Vogel gekommen war.
Im Herzen des Baumes tat sich Sonderliches. Es spürte den Nebel nicht mehr. Dieser gehaßte Nebel war einfach nicht mehr da.
Nur ein Gedanke pulsierte, vom Herzen beschleunigt, durch die Adern des Baumes: Der Vogel … soll bleiben … nur da sein!

»Du bist ein schöner Baum«, meinte der Vogel, »du erzählst so wunderbar von Dingen, die ich gar nicht bemerke – obwohl ich sie sehe. Du erscheinst mir wie ein zarter Blick, der fragt und antwortet und lächelt zugleich. Du liebst das Land, obwohl du es nie betreten wirst können. Weil du es fühlst, nicht einfach nur siehst. Ja, du bist ein wirklich schöner Baum.«

. . .

Amor mußte sehr lange üben, bis er die Erlaubnis bekam, auf Menschen seine Pfeile abzuschießen. So bastelte er sich eine Scheibe. Heftete sie an einen Baum – und versuchte ins Schwarze zu treffen.
. . . Amor war Anfänger. Und traf öfter den Baum als die Scheibe!

. . .

Vogel blieb. Veränderte sich. Flog nur noch selten übers Land.
»Eigenartig ist es«, meinte er zum Mond, »ein Vogel und ein Baum. Weißt du, Mond, ich habe ein bißchen Angst. Weil ich mir das alles nicht recht erklären kann. Eigentlich sollte ich Vögeln nachfliegen, sollte balzen und ein Nest bauen.

Aber was tue ich: Ich atme die Luft seiner Blätter, ich träume von einem Himmel aus lebendem Grün. Ich höre seine Stimme und weiß nicht, ob es nicht meine ist.
Mond, was ist los mit mir???«
Und der Mond, dieser tapfere Mond, den alle bemühen, wenn es um die Liebe geht, der Mond wußte es längst: Liebe war's. Liebe!

Wenn die Sonne mit dem Morgen übers Land promenierte, war Schweigen auf dem Hügel. Vergebens mühte sich der Wind um sein Spielzeug, er hatte es längst verloren. Vergebens lockten Vogelbräute mit schrillen Rufen.
Gemeinsam fühlten Vogel und Baum die Wärme aus dem Tal emporsteigen. Und in solchen Momenten war nur Schweigen angebracht. Tja, vielleicht einmal ein Schnabelwetzen an der Rinde. Oder ein sanftes Streicheln eines Zweigleins über das Gefieder. Mehr nicht.
Und wenn die Sonne – Mittag – in den Himmel schrieb, schwebte der Vogel hinab ins Tal. Auf einen Acker. Um ein paar Samenkörner aufzupicken.

Dann ging ein Zittern durch den Baum. Eine Angst. Ob er wohl wiederkomme. Ob er seiner Natur widerstehen konnte, die fragte: Was willst du mit einem Baum!?!

Aber der Vogel kehrte immer wieder zurück. Lautlos und sicher wie eine Linie auf kariertem Buntpapier.
Zielpunkt: Baum.
Und der Vogel spürte das Beben im Geäst.
Vom Aufatmen des Baumes.

Zeit des Nebels. Wenn die Sonne dieses Grau satt hat und sich hinter die Begrenzung fallen läßt.
Wenn die Äste des Baumes sich enger aneinanderschmiegen. Die Lieder des Vogels, Lieder der Wärme sind.
Adressiert an die Kälte: Absender aus Liebe verzogen. Frost zurück.
Zur Zeit des Nebels rückten die Liebenden noch näher zusammen. Der Baum gab sich ganz seinem Freunde hin. Wollte seine Knospen und Blätter, seine Haut, jede Furche schenken – verzehren sollte ihn der Vogel.
»Nimm mit jedem Stück, ein Stück meiner

Liebe in dich auf«, flüsterte das Geäst. Doch wie sollte der Vogel. Er, der Angst hatte, sich an dieser Liebe satt zu essen. Angst hatte, die Früchte des Baumes schneller schwinden zu sehen, als sie wachsen konnten. Nein, dieses Zeichen der Liebe konnte er nicht nehmen, dafür liebte er zu sehr.

Ein Baum und ein Vogel.
»Welch eine Zukunft!« riefen die Spötter.
»Wo soll das denn hinführen!«
»Naja, wahrscheinlich ein Irrtum der Natur!«

Doch wen kümmerte es?
Den Baum auf dem einsamen Hügel?
Den Vogel, dessen Lieder sogar dem Mond (siehe Verhältnis Sonne – Mond) Hoffnungen machten?
Und bestimmt werden sie auch noch heute lieben, denn sterben, sterben wird die Liebe nie!

17

Einsamkeit

Das Märchen. Es greift in seine alte Kiste und holt hervor:
'ne Prinzessin, der man vergammeltes Gemüse ins Bett gelegt hat,
'ne emanzipierte Hexe, die gegen Biokultur im Obstbau protestiert,
und eine Fee, die es satt hat, sich Blasenentzündungen zu holen und beschließt, ab sofort nur noch in Blue Jeans rumzulaufen.
»Ja, ja, die Jugend«, lächelt das Märchen, »aber sie haben recht. Alle reden vom Fortschritt, vom Umdenken, von der Gegenwartsliteratur. . . . versuchen kann man's ja zumindest.«
Das Märchen verkleidet sich!
Und für einen Tag bekommen alle aus der alten Kiste Ausgang. Sie schlüpfen aus ihren Brokatgewändern, schnallen die Buckel ab, vergessen die Zauberstäbe und schweben in den Tag, das HEUTE zu erfahren.

Eigentlich wollte das Märchen diesen Tag so richtig genießen, naja, es war immerhin der erste Urlaubstag seit ein paar tausend Jahren. Aber jemand, der sein ganzes Leben gearbeitet hat, der hält Nichtstun nicht aus. »Eigentlich könnte ich doch die alte Kiste

saubermachen. Jetzt, wo alle weg sind, ist das die Gelegenheit.«
Und als es mit der Arbeit fast fertig ist, entdeckt es auf dem Boden einen alten, schon vergilbten Brief. Das Märchen erkennt die Handschrift. Es ist seine eigene, aus jungen Jahren.
Und so, wie wir das auch tun würden, hätten wir nach langer Zeit einen unserer eigenen Briefe in der Hand, setzt sich das Märchen in seinen bequemsten Stuhl und beginnt zu lesen.

Hallo Einsamkeit!
Hab' gerade den Himmel blau gestrichen. Ich konnte das Grau nicht mehr ertragen. Und dann habe ich mir ein rosa Wölkchen gemalt, habe es geküßt, und jetzt verreisen wir zwei. Das ist auch der Grund, warum ich Dir heute schreibe. Wir waren immerhin eine ziemlich lange Zeit wie ein Reißverschluß. Deshalb wollte ich nicht so einfach davonschweben, ohne Dir vorher Auf Wiedersehen zu sagen.
»Wiedersehen« – wie fröhlich das klingt. Ganz anders war es, als wir uns kennenlernten. Du warst sofort verliebt in mich, ich

habe es dir aber auch leicht gemacht. Stundenlang, tagelang saßen wir zusammen und haben gespielt. Immer wieder dieses gleiche, blöde Spiel.
Wie hieß es noch? Gedächtnis ins Küberl und durch ein Sieb schütteln. – Ich durfte die Erinnerungen zählen, die zu groß waren, um durch die feinen Löcher des Vergessens zu entkommen. Manchmal trugen sie sogar noch Namensschilder, riefen mir einzelne Worte zu oder malten mir Bilder an die Wand.
Aber du, schlaue Einsamkeit, hast immer gut aufgepaßt. Wenn du am Verlieren warst, hast du mir schnell das Sieb weggenommen und mir einen Spiegel vorgehalten.
Dann habe ich es wieder gesehen: Den hungrigen Mund, der nicht küssen durfte; Augen, die den Laden dicht gemacht hatten, weil sie nichts mehr zu verkaufen hatten. Und gelähmte Hände, die keine Entdeckungsreisen mehr unternehmen konnten.
In meinen Tränen wollte ich dich ertränken, ein Floß aus den herumschwimmenden Hoffnungsplanken bauen und rudern, ru-

dern, bis ich eine Insel gefunden hätte. Aber du, liebste Einsamkeit, konntest dich ja meisterlich verwandeln: Der Staudamm, der mich zurückhielt, der Strudel, der mich hinabzog, und die Wassergefühle, in denen ich wieder und wieder ertrank. Großartig, Einsamkeit, wirklich großartig, wie du das geschafft hast.
Deine kalten Besuche. Wenn die Wände mich auslachten und die Buchstaben der Bücher Ausgang hatten.
Jeder Vogel, der am geschlossenen Fenster vorbeiflog, zeigte mir die lange Nase.
Die Stille, die ohrenbetäubender Krach war, daß ich mein eigenes Rufen nicht hörte.
Ein Blick hätte mich retten können. Ein Blick! Du wolltest mir wohl beweisen, daß ich nichts mehr zu suchen hätte. Daß es niemanden gibt, der mir einen Mondballon schenken würde.
Kannst du dich erinnern, wie ich mit einer Schere durch die Straßen gelaufen bin und alle Blicke durchgeschnitten habe? Ich stach ein Loch in die Sonne, damit sie mich nicht mehr wecken konnte. Und dem Mond wollte ich an die Kehle, damit er mir nichts mehr von der Liebe erzähle.

Nur dich, grausame Einsamkeit, habe ich nicht zu fassen gekriegt. – Welch ein lustiges Versteckspiel!
Aber damals bist du ein bißchen zu weit gegangen. Du hattest mir zu sehr vertraut. Damals habe ich nämlich schon bei 76 geschaut, nicht erst bei 100. Ja, bei 76, liebe Einsamkeit, drückte mir der Wind die Fensterläden auf, die ich wegen dir so fest verschlossen hatte. Und bei 76 sah ich sie: die Liebe.
Und ich spürte, was ich so lange nicht gespürt hatte. Ich wußte in diesem Moment, daß ich nur meine Blicke losschicken mußte. Die würden davonjagen, einholen, festhalten. Ich jagte, holte ein, hielt fest. Nicht sehr fest – lieb fest.
Aber das verstehst du nicht: Näherrücken, Atem spüren. Worte, die man nicht erst suchen muß. Gedanken, die sich in einem Blick auf die Reise machen und mit einem Lächeln zurückkommen. Hast du mich einmal angelächelt???
Siehst du!!!
Einsamkeit, ich habe solange keine anderen Hände, als die meinen, mehr gespürt. Es war so schön, wie sich meine Finger da-

vonmachten und mir eine Gänsehaut zurückbrachten.
Oh, Einsamkeit, ich bin so glücklich:
Vielleicht nur für eine Stunde, einen Tag, für eine Woche: Ein Augenblick Liebe ist ein kleines Stückchen Unendlichkeit.
Deshalb schreibe ich dir ja auch, bevor ich abreise. Denn wer weiß, ob ich nicht schon morgen wieder vor deiner Türe stehe, um mich bei dir zu verstecken. Wir wollen uns nicht zerkrachen. Manchmal braucht man dich; doch nur um zu sehen, wie schön es ohne dich ist.
Wenn du jetzt hochsiehst, Einsamkeit, siehst du vielleicht das rosa Wölkchen auf dem blau gestrichenen Himmel dahinschweben. Das sind WIR.
Wir haben uns eine Sonne ausgeschnitten, damit uns bei Gänsehaut nicht friert. Und einen Mond haben wir auch, der singt die Melodien zu unseren Texten.
An Gewitter haben wir vorerst noch nicht gedacht, aber selbstverständlich werde ich dich benachrichtigen, sollte Regen aus unserer Wolke fallen.
Doch . . . sei so gut und rechne nicht damit.

Wahrscheinlich wirst du mich längere Zeit nicht besuchen können – du weißt, die Liebe wird hier sein, und – du würdest stören.
Sei nicht allzu traurig.

Dein Märchen

In dieser Nacht geschieht Seltsames.
Die Bewohner der alten Kiste kehren nicht mehr zurück.
»Auf Freunde!« ruft die Prinzessin, die nicht länger in Brokatgewändern auf die Ankunft wunderschöner Prinzen warten will.
»Nieder mit den kostümierten Kasperln!« heißt die Parole der Hexen, die es satt haben, sich auf den Kopf hauen zu lassen.
»Freiheit!« verlangt die Gewerkschaft der Feen, die sich aus ihrem Drei-Wünsche-Gefängnis befreien wollen, um sich endlich mal ihre eigenen zu erfüllen.
Und in dieser Nacht geschieht es, daß man aus allen Märchenbüchern rosa Wölkchen in den blau gestrichenen Himmel aufsteigen sieht.

Herzauge

Er war jung und auf der Suche.
Nach dem Glück, nach der »Großen Welt«, nach sich selbst.
Und vor allem wollte er die Liebe aufspüren. Denn er hatte gehört, daß, kenne man die Liebe, man alles kenne.
Er machte sich also auf den Weg, um nach der Liebe zu fragen.
Doch gleich der erste, den er anhielt, lachte nur: »Was, du weißt nicht, was Liebe ist?!«
Und der nächste brüllte los: »Hast du kein Herzauge?!«
Und bald hörte er es von allen Seiten: »Der dort drüben, der hat kein Herzauge. Wie schrecklich, nein, wie furchtbar!«

Endlich fand er jemanden, der ihm erklärte, was er zu tun hätte. Er müsse sich schleunigst ein Herzauge zulegen, ohne ein solches wäre man nichts und niemand. Denn ein Herzauge besitzt nur der, der lieben kann.
»Ja, dann müßtest du doch auch eines haben. Ich sehe aber nichts«, antwortete der junge Mann.
»Papperlapap, natürlich habe ich eines, aber du kannst es nicht sehen, weil du keines

hast!« rief der Fremde zornig und rannte davon.
»Wie bekomme ich denn so ein Herzauge?« fragte der junge Mann weiter.
»Wer noch keines hat, muß sich eben eines besorgen«, riet man ihm.
Das wollte er versuchen. Er schlug die Zeitung auf und suchte. Aha, da stand etwas: »Liebe zu verkaufen.«
Da wollte er gleich hingehen.
Ein wunderschönes Mädchen öffnete und bat ihn herein.
»Ich brauche ein Herzauge«, sagte er.
»Kein Problem«, sagte sie, »noch keiner ist ohne eines von mir weggegangen!« –
Als sie aus dem sechsten Himmel zurückgekehrt waren, verlangte sie ihr Honorar.
»Aber ich sehe kein Herzauge. Nicht bei dir und nicht bei mir.«
Das Mädchen schrie nach der Polizei und schrie, da wäre einer nicht ganz normal und schrie, noch jeder hätte ein Herzauge bei ihr bekommen. Jeder.

In seiner Verzweiflung wandte er sich an einen frommen Mann. »Könnt ihr mir nicht etwas Liebe geben?«

Er konnte. Zuerst reichte er ihm die Beitrittserklärung, dann schickte er ihn in die Kirche. Hier sollte er beten, seine unzüchtigen Gedanken bereuen, allem Laster abschwören und 17 Kerzen, von den großen, anzünden.
Nur so könne man zu einem wirklichen Herzauge kommen. Zu so einem, wie auch er eines hatte.
Der junge Mann kam in die Kirche. Die Leute beteten, grüßten sich und sagten: »Ihr Herzauge ist aber schön!« und »Nein, ihres ist noch viel schöner, wie es glänzt.«
Und als sie ihn entdeckten, da kannte ihr Entzücken keine Grenzen: »Welch ein Herzauge!« riefen sie sofort.
Er blieb stumm, denn er konnte bei ihnen rein gar nichts sehen.
»Na, Bruder, willst du uns nicht sagen, wie dir unsere Herzaugen gefallen?«
Als er sie nur verständnislos anblickte, ahnten es die guten Leute: »Was, du siehst unsere Herzaugen nicht?!?! Dann kannst du ja gar keines besitzen.«
Und sie jagten ihn aus ihrer Kirche, denn Menschen ohne Herzauge durften sie nicht betreten.

Was sollte er tun? Bald würde man ihn nirgends mehr aufnehmen, jeder mit dem Finger auf ihn zeigen.
Und überhaupt, was wäre das für ein Leben – ohne Liebe. Wo doch alle sie kannten.
Da faßte ihn eine dunkle Gestalt am Arm: »Habe gehört, du suchst die Liebe. Bürschchen, ich muß dich aufklären – die Liebe gibt es nicht. Hat es nie gegeben. Alles Fantasie.«
»Aber, das Herzauge, alle sehen es doch.«
»Alles Schwindel. Das hat mal irgendeiner aufgebracht. Naja, und keiner wollte zugeben, daß er dieses Herzauge nicht sah und somit nicht lieben konnte. Bürschchen, glaub es mir, du suchst vergebens. Hassen mußt du, hassen, dann bist du auf dem richtigen Weg.«
Der junge Mann konnte es nicht glauben.
Es sollte die Liebe gar nicht geben?
Alle sollten sich etwas vormachen?
Wenn er den Worten der Leute glaubte, hieß es, daß nur er nicht lieben konnte.
Und glaubte er der Gestalt, gäbe es überhaupt keine Hoffnung.
Und das Glück, die »Große Welt«, er selbst???

Irgendwann in der Nacht erwachte er. Das Fenster stand offen, und der Mond hing wie eine Gardine davor.
Und plötzlich flogen auf einem Strauß bunter Luftballons die Boskabauter an sein Bett.
Sie setzten sich zu seinem Kopf.
»Wer seid ihr?« fragte der junge Mann.
»Wir sind die Boten der Liebe.«
»Dann, dann gibt es sie doch!? Könnt ihr mir sagen, wo ich sie suchen muß?«
Und die Boskabauter antworteten ihm: »Die Liebe, mein Freund, die kann man nicht suchen, die kann man nur finden. Und wer sie gefunden hat, der sieht auch das Herzauge. Und wer dich liebt, kann deines sehen. Wir können dir sagen, welchen Weg du zu gehen hast, aber . . . es ist nicht einfach. Die Leute, dort draußen, sind alle einmal von uns dorthin geschickt worden, doch die wenigsten sind bis zur Liebe gekommen.«

Schon am nächsten Morgen war der junge Mann unterwegs. Die Boskabauter hatten gesagt, die Sonne würde ihn schon führen. Als er sich mit dem Mittag traf, kam ein selt-

samer Mann des Weges. Er trug einen Vogelkäfig mit einem wunderschönen Vogel darin.
»Den habe ich für dich gefangen. Es ist ein Zaubervogel. Du brauchst nur für ihn zu sorgen, und er wird dir dein ganzes Leben dienen und dir die schönsten Lieder singen. Aber paß auf, denn sobald du ihn aus dem Käfig läßt, wird er keine Zauberkraft mehr besitzen.«
Damit ließ er den Jüngling zurück.
»Eigenartig«, dachte der sich, nahm aber den Käfig mit dem Vogel und ging weiter.
Langsam kletterte die Nacht die Himmelsleiter empor, und die Sonne knipste woanders den Tag an.
Wohin sollte er jetzt gehen? Sein »Wegweiser« war ja nicht mehr da.
Er legte sich ins Gras, um ein wenig auszuruhen. Jetzt hatte er Zeit, seinen Vogel richtig zu betrachten.
Der saß stumm und regungslos auf seiner Sitzstange und blickte ihn voller Trauer an.
Und plötzlich sang er, mit kaum hörbarer Stimme: »Schenk mir die Freiheit. Ich brauche sie, wie du die Liebe brauchst.«
Der Mann erschrak, erinnerte sich der

Worte des Vogelhändlers: Öffne niemals den Käfig!
Doch als er die schwarzen, unsagbar sehnsüchtigen Augen des kleinen Vogels sah, zerschnitt es ihm fast das Herz.
»Welch eine Ungerechtigkeit es doch ist – man raubt dir die Freiheit, damit es mir gutgeht. Wie kann ich glücklich sein, wo ich weiß, wie unglücklich du bist?«
Und er öffnete den Käfig, und der Vogel flog in die Freiheit.
Aber . . . er verschwand nicht, nein, er setzte sich auf die Schulter des Mannes und sagte: »Nun werde ich dir den Weg zur Liebe zeigen. Folge mir!«
Fortan schwebte der kleine Vogel voraus und sang dabei die schönsten Lieder.
Als sie sich einmal niederließen, um auszuruhen, kam ein altes Weiblein auf sie zu. In ihrer Hand hielt sie eine Rose von solcher Schönheit, wie sie der Mann noch niemals gesehen hatte.
»Die habe ich für dich gepflückt. Es ist eine Zauberrose, die dir ewige Schönheit und Anmut bringt. Aber sollte sie dich jemals stechen, so mußt du sie brechen. Andernfalls wird sie dich gräßlich entstellen.«

Und sie steckte die Rose an seine Jacke.
»Eigenartig«, dachte er, und als er weitergehen wollte, bemerkte er, daß der Vogel nicht mehr da war.
»Was soll ich jetzt nur anfangen, wer wird mir jetzt den Weg zur Liebe zeigen?«
Traurig griff er zur Rose, um sich mit ihrem Duft zu trösten. Entsetzt schrie er auf, ihre Dornen hatten ihn gestochen.
Sofort dachte er an die Worte der Alten und wollte schon die Rose brechen, als sie zu ihm sprach: »Verzeih mir. Kannst du mir verzeihen?«
Blutrot leuchteten ihre Blätter und sie duftete wie . . .
Wie konnte er sie brechen, nur weil sie ihm einen Blutstropfen gestohlen hatte?
Und wie konnte er ihre Schönheit zerstören, um seine zu retten?
»Ja, ich will dir verzeihen.«
Und wieder geschah Seltsames. Statt ihn zu entstellen, wie die Alte es vorausgesagt hatte, wollte die Rose ihm von nun an den Weg zur Liebe zeigen.

Die Rose führte ihn zu einem mächtigen Berg. Als sie an seinem Fuße angelangt wa-

ren, bat sie, der junge Mann möge sie hier in die Erde setzen. Er aber solle den Weg weitergehen, den er vor sich sehen würde.
Der Mann tat, was sie von ihm verlangte.
Der Weg wurde immer schmaler und stieg steil bergan. Vor ihm lag dichter Nebel, und er konnte bald seine eigenen Füße nicht mehr sehen.
Er hielt an und wollte schon umkehren, als eine tiefe Stimme ertönte: »Ich bin der Berg, in dem die Liebe wohnt. Du kannst mich nicht sehen, du kannst mich nur fühlen. Vor dir liegt ein steiler Weg, den mußt du gehen, um zu meiner Spitze zu gelangen. Du kannst es schaffen, wenn du mir vertraust. Auch wenn du glaubst, ins Leere zu gehen, wird dein Vertrauen deine Schritte lenken. Wenn du aber zweifelst, wirst du in die Tiefe stürzen.«
Jetzt, so nahe vor dem Ziel, konnte er nicht mehr aufgeben. Auch wenn es sein Leben kosten sollte, er wollte es wagen! Er hatte es in der Hand, den Leuten zu beweisen, daß es die Liebe doch gibt.
Und mit sicherem Schritt, ohne Angst, ging, ja lief er vorwärts.
Bald mußte er die Spitze erreicht haben. –

Ja, der Weg war zu Ende. Aber noch immer verhinderte der Nebel ein Sehen.
Vorsichtig rief er nach der Liebe. Und wirklich . . . es antwortete eine helle Stimme.
Aber diese Stimme rief auch nach der Liebe.
Und sie erzählte, ein kleiner Vogel und eine Rose hätten ihr den Weg . . .
Da verschwand der Nebel, und das Sonnenlicht zauberte eine Gestalt auf die Spitze des Berges. Und ein einzelner Strahl fiel auf das Gesicht des jungen Mädchens, und der junge Mann sah ganz deutlich, als wäre es sein Spiegelbild, das Herzauge auf ihrer Stirn.

Boskabauter

Über die Tätigkeit von Hexen wurde ausführlich berichtet.
Auch von Zwergen weiß man allerhand.
Jedes gute Märchen muß mindestens eine Fee aufzuweisen haben.
Gar nicht zu sprechen von den Königen mit ihren drei Söhnen.
Aber seltsamerweise verschweigt man immer die Existenz der Boskabauter. Obwohl gerade die so wichtig sind und ihre Tätigkeit bei weitem interessanter ist, als langweilige Berichte von degenerierten Königshöfen.
Boskabauter haben das gleiche Schicksal zu tragen, wie so viele andere auch, die arbeiten, schaffen, werken müssen, um anderen das Leben angenehmer zu machen. Und der Dank: Man erwähnt sie nicht einmal.
Was erzählt man zum Beispiel von der Liebe? Man erzählt von verwöhnten Prinzessinnen, die sich einen Mann in den Kopf gesetzt haben, der seinen Mut beweisen muß, indem er harmlosen Drachen ihre Köpfe abschlägt.
Dabei sind die meisten dieser *Männer* doch bloß auf das Erbe aus.
Seitenlange Geschichten von edlen Prinzen, die jungfräuliche Mädchen aus verarmtem

Hause umwerben. Und die dummen Ziegen fallen meist noch drauf rein. Das Ergebnis ist ein geheimnisumwobenes Findelkind mit einem Mal auf dem Po.
Und das soll dann die Liebe sein.

Aber habt ihr einmal etwas von den Boskabautern gehört? Wahrscheinlich wißt ihr gar nicht, wer und was die sind.
Amor kennt ihr. Der wird ja besungen und in Gedichten gehuldigt. Doch seine rechte und auch die linke Hand kennt ihr nicht. Oder meint ihr allen Ernstes, Amor kann es sich leisten, hinter jedem Baum zu stehen und darauf zu warten, bis ihr zufällig vorbeikommt?
Dazu ist ein großer, organisierter Apparat notwendig, eben . . . die Boskabauter.
Ohne sie wäre Amor nichts weiter als ein Scharfschütze. Sie sind die zu Körper gewordene Liebe. Sie sind es, die Spannungen zwischen euch legen, sie knuffen euch in die Magengegend, wenn ihr verliebt seid, verwandeln euer Sehen in ein Fühlen, sie freuen sich, wenn sie es geschafft haben, daß ihr die Welt nicht mehr versteht und man sagt: »Die sind verliebt, die sind in

einer anderen Welt.« Dann, ja dann, seid ihr in der Welt der Boskabauter.

Erwartet nun nicht, daß euch das Märchen erzählt, wie diese Boten der Liebe aussehen, welche edlen Taten sie vollbringen oder welcher Zauberspruch notwendig ist, um sie zu rufen.
Nein, das Märchen und die Boskabauter malen einfach einen strahlend blauen Himmel an die Zimmerdecke. Werfen eine Apfelsine drauf, die sofort zu sonnen beginnt. Hinter dem Feensofa läuft ein schmaler Weg los. Strichgerade und steil bergauf. Links und rechts eskortieren ihn Bäume. – Seltsame Sorte. Und endlich: eine Lichtung.
Das Märchen und die Boskabauter gehen über einen glatten, samtenen Boden, der unter ihren Füßen 'n bißchen nachgibt.
»Aufpassen, jetzt wird's gefährlich!«
Runter auf einem schmalen Pfad.
»Schaut mal nach unten!«
Da liegen zwei Seen, grün mit schwarzen Rosen und spiegelgemalter Allee drum herum.
Schon stehen die Boskabauter weiter vorne

an einer Spitze und klettern über einen flachen Hang, an zwei Höhlen vorbei, zu einer Aussichtsplattform. Von dort ein toller Blick auf die Attraktion dieser Gegend: Roter Erdwall, meeresfeiner Sand, rund um einen Vulkan aufgetürmt.
»Der ist noch in Betrieb«, flüstert das Märchen.
Als hätte jemand 'n Geldstück eingeworfen, öffnet sich das Ding, und ein ziemlicher Lavastrom schießt in die Höhe. –
Nach einigen Schritten: ein gewaltiger Abgrund. Unten ein riesiges, romantisches Tal.
Eigenartig, wie sich der Boden unter den Füßen verändert: zuerst schneeglatt, jetzt leicht graupelig.
Die Ebene. Weiter Blick und in der Ferne zwei sanfte Erhebungen.
»Das sind die Marzipanhügel mit den Himbeerhütchen drauf.« – Kann nur vom Märchen stammen.
Erzählt auch sofort eine Geschichte, vom Riesen, der im linken Hügel wohnt. Soll friedlich sein.
Und wirklich: als sie ganz zart auf dem Dach der Schutzhütte stehen, fängt die an

zu wachsen und sich zu verändern. Die ganze Umgebung hebt und senkt sich, grad' so, als würd' sie atmen.
»Das ist der Riese«, lachen die Boskabauter, »der poltert immer vor Freude, wenn wir kommen!«
Seltsame Landschaft: Wieder eine Wüste. Weit und breit nichts zu sehen.
Die Boskabauter erzählen, man könne dieses Land nur lebendig werden lassen, wenn man sie als Führer hätte. Sonst wäre das hier eine tote Steinwüste. –
Hinter einem ausgetrockneten Tümpel, in einiger Entfernung, ein Wald.
Ein Stück vorher beginnt der Pflanzenwuchs, ganz zarte Gräser. Es geht sich wie auf Wolken.
Keine hundert Schritte stoßen das Märchen und die Boskabauter mitten in der Wildnis auf eine Quelle.
»Das ist der Erdbeerfluß. Wer von uns durch die Wüste geführt wird, darf daraus trinken.«
Sie bauen sich ein Floß aus feingliedrigen Stämmen und stoßen vom Ufer ab. Müssen aber bald wieder an Land, weil der Erdbeerfluß unterirdisch weiterläuft.

Und so wie der Pflanzenwuchs am Beginn der Schlucht zugenommen hat, verschwindet er nun wieder.
Sie suchen eine Möglichkeit, auf den Bergrücken zu gelangen. Langsam und vorsichtig steigen sie die Wüstenwand hoch. Oben – Blick zurück – nochmals Aussicht auf den ganzen Weg.
»Nur noch ein kleines Stückchen, dann haben wir's geschafft.«
Obwohl wieder bestrüppt, kann man doch einen Weg erkennen. Ziemlich harter Boden. Der führt direkt auf eine steile Erhebung zu, mit fünf verschieden großen Zakken in der Krone.
Man erwartet ein paar Worte des Märchens, die ganze Szenerie ist wie geschaffen dafür. Und wirklich: auf ein geheimnisvolles Rufen des Märchens kommt ein flachgedrückter, fünfköpfiger Drache angeschwebt. Alle hüpfen auf den Drachenrücken.
Geräuschlos, fast schwerelos setzt sie das sanfte Monster auf den Boden und verschwindet hinter dem fünfzackigen Berg. Glücklich stehen das Märchen und die Boskabauter da und blicken sich noch einmal nach ihrer Spaziergegend um.

Plötzlich bewegt sich die ganze Landschaft, wird gewaltig größer und größer und verläßt schließlich, auf ziemlich leisen Sohlen, unseren Horizont.

Habt ihr auch eure Augen geschlossen? Wenn ihr sie jetzt öffnet, wird sich der blaue Himmel wieder zur Zimmerdecke verwandelt haben, die Apfelsine unschuldig in ihrer Obstschüssel liegen, und ihr werdet gerade noch sehen, wie das Märchen und ein paar Boskabauter ein Atemschiff besteigen und sich aus dem Papier davonmachen.

Merlin

Alles wie gewöhnlich.
Der Tag hatte eben wieder einen gelben Klecks auf das blaue Himmelstischtuch gemacht. Damit war der Anfang getan, und man wußte, wie es weitergehen würde.
Denn das Morgen unterscheidet sich vom Heute nur durch das, was auch gestern schon passierte: Arbeiten, schlafen, essen, trinken.
Und alles, was außerhalb dieser vier Lebenseckpunkte passiert, wird übergangen.
Die gleichgültige Sonne jagt mit einem harten Strahl »eventuell Besonderes« in das Dunkel, wo es in der Nacht verschwindet.
Und morgen, morgen heißt dieses »Besondere« schon Vergangenheit und wird auch so behandelt.
Alle, die besondere Augenblicke je erlebten, dachten, nun müsse das Licht doch seine Lichtgeschwindigkeit, der Erdkreisel seine Bewegung vergessen, oder zumindest eine Sternschnuppe aufleuchten.
Was aber passiert? Diejenigen, die von solchen Augenblicken erfaßt werden, erleben kurz etwas Intensives: Sie meinen, die Zeit würde stillstehen.
Doch nebenan läuft diese verdammte Zeit

ungehindert weiter, marschiert die Sonne süchtig in den Gasthof Zenit und torkelt, leicht betrunken, in den wartenden Abend. Und Geburt und Tod, Träume und Wirklichkeit, Lachen und Weinen werden von Windbombern über der Erde abgeworfen. – Wir nennen es:
»Alles wie gewöhnlich.«

Ja, es beginnt alles wie gewöhnlich. Der Tag hat den Morgen schon vergessen, die erste Maschine nach New York ist gestartet, Fräulein Plotz hat den Starthebel ihrer elektrischen Schreibmaschine betätigt. Ein Fleischer schießt einen Bolzen in einen Schweinekopf, und ein Pfleger eines Altersheimes drückt der Hofratswitwe Schneiderle die Augen zu.
Natürlich geschehen noch Millionen anderer Dinge, doch das Märchen kann sie euch nicht alle erzählen.

Das Märchen führt euch in eine Straße. Eine ganz gewöhnliche Straße. In eine Wohnung, wie jeder sie kennt.
Eine Frau, ein Mann. – Glückliche Ehe.

...

Märchen, was soll das? Wo ist der Prinz, wo die Fee?? Gibt's 'n paar Kobolde, die die Arbeit besorgen? Vielleicht eine Verwünschung einer Tante dritten Grades?

...

Draußen verwandeln sich Lärm und Geschäftigkeit zu Ruhe und Stillstand. Der Mond hat seinen Horchposten bezogen und schneidet silberne Grimassen. – Soeben hat die Nacht die Stechuhr gedrückt.
Da lassen 4 Worte die Zeit stillstehen.
4 Worte, die eine Zukunft verändern, die vor 4 Worten noch eine ganz andere gewesen wäre.
Es sind gewöhnliche Worte, die niemanden hochschrecken lassen: »Ich bekomme ein Kind«, entlockt euch höchstens ein: »Jö, fein, ach, wie schön.« Nicht mehr.
Aber hört doch einmal genau hin, was diese 4 Worte sagen.
Sie sagen, ein Mensch wird modelliert. Nase, Mund, die Form der Ohren. Junge oder Mädchen. Das Gehirn. Was wird es eines Tages erleben, was denken? Diese Worte sagen: Schwester Sonne und

Bruder Mond. Sie sagen: Wieder ein Stück im Universumpuzzel. Und sie sagen: Armes Kind, du wächst, und es interessiert nur zwei Menschen, obwohl auch du ein Wunder bist.

Der Mann und die Frau freuen sich. Sie überlegen, ob es ein Junge oder ein Mädchen werden wird. Sie denken sich Namen aus, sie kauft Umstandskleider, und alles ist so wie immer, und der Augenblick ist schon wieder zur Gewohnheit geworden.
Alle freuen sich, weil sie die Zukunft voraussagen können: »So ein Kind ist heutzutage keine leichte Aufgabe! – Angst? Mein Gott, ich habe 5 Kinder geboren, und alle sind sie was geworden!«
Der Bauch wächst. Der Vater legt manchmal sein Ohr an die gespannte Haut und hört ein Klopfen.
Die 4 Worte sind jetzt 9 Monate Vergangenheit, und in ein paar Stunden wird die Zukunft beginnen.
In einem Kreißsaal.
Irgendwelche Hände ziehen das Leben ins Leben.
Klaps auf Po – Gratuliere. Hände waschen,

Zigarette, der nächste Bauch. Gratuliere. Und wieder: ein Moment – 2 Augenblicke. Die Mutter erlebt ein Stillstehen, der Arzt »wie gewöhnlich«.

Dem Mond und den Sternen ist es kalt, sie haben sich mit Wölkchen zugedeckt. – Darum kann man keine Sternschnuppe sehen, darum.
Die Könige wären vielleicht gekommen, wären da nicht der Schrei der Schwester und die entsetzten Augen des Arztes gewesen. Zumindest Kuh und Esel wären geblieben. Aber das Gedrängel rund um das Kind ist einfach unerträglich.
Die Mutter liegt auf dem Tisch und begreift nicht und schreit nach ihrem Kind, und die Menge teilt sich, und alle schauen auf die Frau, und sie liest in den Augen eine düstere Zukunft.
»Gratuliere, es ist ein Junge«, sagt jemand und legt ihr das Kind auf die Brust. Sie hört sein Herz schlagen und spürt einen Körper, der so zart wie Tau auf ihrer Haut liegt.
Ja, nun hält sie die Welt in ihren Armen, die vor wenigen Minuten noch so groß, so unendlich groß, so unbeschreiblich, so

maßlos unbeschreiblich schien. Und die jetzt so einfach, so winzig, so zart auf ihrer Brust einschläft.

Wie alles, was ein bißchen anders als »wie gewöhnlich« ist, spricht sich auch die Geburt dieses Kindes schnell herum.
»Es soll unbeschreiblich sein«, vermuten die einen.
»Wie ein Zwerg, wie ein Riese, wie eine Hexe«, meinen die anderen.
Und die übrigen wissen es genau: »Eine Nase bis zum Kinn, einen Mund bis zu den Ohren und dazu noch Triefaugen.«
Ja, es ist kein gewöhnliches Kind, das die Milch seiner Mutter trinkt.
Man kann nicht »dulidulidu, bist du ein hübsches Knäblein« sagen, wie man es »gewöhnlich« tut. Man würde lügen und die ganze Sache noch schlimmer machen.
Alle bedauern die Mutter und können nicht verstehen, daß sie dieses greuliche Wesen mit unwahrscheinlicher Liebe umhüllt.
Auch der Vater liebt es. Und als er zum Amt geht, den Namen des Kindes einzutragen, da wissen es die Beamten schon: »Das ist das Kind, ihr wißt ja, dieses, na . . .«

»Es soll Merlin heißen. Merlin.«
»Das ist ein ungewöhnlicher Name. Aber Sie haben recht, es ist ja auch ein ungewöhnliches Kind«, und die Beamten feixen sich zu, und als der Vater draußen ist, schlagen sie sich auf die Schenkel und brüllen vor Lachen.

Die ersten Wochen und Monate verbringt Merlin abgeschirmt von der Außenwelt. Seine Mutter will Menschenaufläufe vermeiden. Sie kann Angebote von Zirkusdirektoren und Schießbudenbesitzern nicht mehr ertragen. Als die Nachbarn schwenkbare Kameras durch das Fenster schieben, um ein Bild des kleinen Scheusals zu erhaschen, beschließen Vater und Mutter umzuziehen. In eine andere Stadt. In ein anderes Land. Aber Städte erzeugen Leute, und Länder sind voll von diesen Städten mit diesen Leuten.
Die Nacht wird der erste Freund des kleinen Merlin, denn sie beschützt ihn. Auch der Mond liebt dieses Kind, weil es ihn immer so freundlich anlächelt. Und die Sterne sind Merlins erstes Spielzeug: Er schiebt den kleinen und den großen Wagen über die

Himmelsstraßen, und der Bär brummt nur für ihn.

Irgendeine Nacht auf ihrer langen Irrfahrt. Wolken.
»Hab' keine Angst, die Sterne besorgen sich nur neue Lichter«, beruhigt die Mutter den weinenden Knaben.
Plötzlich bricht ein einzelner Mondstrahl durch das Grau. Gerade so, als wollte er auf etwas zeigen.
Und der alte Volvo, einer der wenigen, der zu ihnen hält, fährt wie von alleine in die Richtung des Lichtes.
Es ist ein kleiner, halb verfallener Bauernhof. Als die Eltern mit Merlin aussteigen, kommt ein altes, gebeugtes Paar auf sie zu. Der Wind hält seinen Atem an. Der Mond hat das Wolkenfenster vergrößert, damit auch die Sterne was sehen. Die Natur lauscht den Worten der alten Menschen.
»Willkommen, seid willkommen. Ihr braucht Unterkunft? Ach, ihr habt ja auch ein Kind dabei. – Na, wie heißt du denn, kleiner Mann?!?«
Da wissen der Vater und die Mutter, daß sie am Ende ihrer Reise sind.

Dem alten Mann fliegt der Hut vom Kopf – das war der Wind, der erleichtert aufatmete!

Die Sonne zieht dem Land ein neues Kleid über. Farbenreich und sehr geblümt.
Sorgfältig wacht Freund Wind über die junge Landschaft. Verjagt die aufdringlich kalten Störenfriede und holt die faule Wärme aus ihrem Winterschlaf. Nur sehr langsam und gemütlich ist sie zu bewegen, sich vom Wind durch die Luft tragen zu lassen. Ist dann aber aufgeregt glücklich, als der Sommer sich meldet und seine Aufwartung macht.
Doch bald ruft die Sonne gluckhennig zum Aufbruch. Schweren Herzens machen sich alle ins Land des Winters auf. Unterwegs wird gebummelt und geblödelt, sie malen Grünes braun an, jagen ältliche Wolkendämchen über aufreizend rot gefärbte Himmelbetten und befreien Blitze aus ihren Käfigen. – Der alte Herbst freut sich darüber!
Aber dann sind doch alle froh, daß sie wieder zu Hause sind.
Die Farben legen sich ins Regal, links oben. Neben ihnen kuscheln sich die zarten Düfte

zueinander. Weizen und Korn ziehen sich in bequeme Kisten zurück, und die Blüten gehen noch schnell einmal aufs Klo.
Ein Sommerwind wünscht seinem Kollegen Eiswind »Viel Vergnügen« und kriecht unter einen Knospenhaufen. Ein letztes Schwätzchen, dann kommt der Schnee und zieht zärtlich und behutsam seine Decke über sie.
Die Sonne zieht sich ein warmes Jäckchen an und knipst dann das Licht aus.
»Gute Nacht«, flüstert sie und macht sich auf, die Stille, die Einkehr, Einsicht und Frieden übers schlafende Land zu führen.

So erlebt Merlin die Zeit. Nicht mit Stunden oder gar Minutenzeiger. Nicht mit Zahlen, die seine Tage benennen. Merlin *sieht* die Zeit.
Der freche Frühling, der satte Sommer, ein müder Herbst und ein schlafender Winter spielen ihm ein Jahr vor.
Eine Blüte, ein Windstoß, ein Flimmern der Luft, ein Laubblatt, das zu Boden schwebt, die erste Schneeflocke, die sich auf das erschöpfte Gras setzt, das ist seine Uhr. Und diese Uhr zeigt ihm auch, was Leben ist.

Er lernt von der Sonne, wenn sie den ersten Grashalmen ein Loch in den Schnee schmilzt.
Er liegt auf der Wiese und begrüßt die ersten Blumen mit einem Lachen.
Wenn er mit seiner Hand über die Mimosen streicht, heißt das: »Lieb, daß ihr wieder da seid.«
Und wenn alle Blumen, alle Schmetterlinge und Vögel ihren Platz auf dem Sonnenkleid eingenommen haben, rufen sie nach Merlin.
Jeder einzelne von ihnen begrüßt das Menschenkind auf seine Art:
Ein Ast, so jung wie Merlin, streift über dessen Arm und meint: Ich schenk' dir den Atem deiner Worte.
Eine Blume, so zart wie Merlin, zieht seine Nase zu sich hinab und zeigt ihm Süße und Milde mit ihren Düften.
Ein Schmetterling, so frei wie Merlin, entführt dessen Augen und nimmt sie mit auf seine Flüge.
Ein Wind hüllt ihn zärtlich ein und wiegt ihn in seinen Armen, ohne ihn zu berühren.
Ein Wasser erzählt seine Erlebnisse, ja, es weiß viel, denn jeder Tropfen hat eine weite Reise hinter sich. Die Sonne strahlt ihm

Wärme ins Herz, und in der Nacht lauscht Merlin den geheimnisvollen Worten des Mondes. Der erzählt von einer Sache, die er Liebe nennt. Merlin weiß nicht, was das ist, und ist doch ganz erfüllt von ihr.

Merlins Gedanken erwachen. Sie lassen die Vergangenheit mit der Gegenwart tanzen und malen Bilder, in denen die Zukunft zu sehen ist.
Und Merlin spürt etwas, so, als würde eine Blume in ihm wachsen. Eine wunderschöne Blume inmitten eines Urwaldes.
Sie leuchtet in den schönsten Farben, doch keiner sieht sie. Sie duftet wie kein anderer Duft, und doch scheint niemand an ihr riechen zu wollen.
Er möchte diese seltsame Blume aus seinem Inneren hervorholen. Er würde sie . . . er würde sie sicher nicht für sich behalten wollen. Nein, so denkt er, diese Blume wächst in ihm, um sie zu verschenken.
Vielleicht gibt es jemanden, der keine Blume besitzt.
Und er überlegt und weiß, der Vogel hat eine, der Grashalm, der Schmetterling, das Wasser auch. Na ja, und die Sonne, der

Mond, die Sterne sowieso. An der Blume der Mutter, des Vaters und der zwei alten Menschen gibt es keinen Zweifel.
Wer also hat dann keine???
Merlin fragt die Sonne: »Sonne, wer hat keine Blume?«
»Nun, weißt du, Merlin, ich glaube, in jedem wächst eine Blume. Aber nicht jeder läßt seine Blume blühen. Denn dazu muß man sie aus seinem Inneren hervorholen. Eines Tages wird ein Schmetterling zu deiner Blume kommen. Er wird sich zu ihr setzen. Sie wird ihm ihren Duft und ihre Farben mitgeben, und der Schmetterling wird wieder fortfliegen. Er wird jede Blume, die nicht blühen darf, besuchen und ihr ein bißchen Süße und ein bißchen Licht dalassen!«

Für Merlin bleibt zum erstenmal in seinem Leben die Zeit stehen. Zu viele Gedanken sind in seinem Kopf. Ein Grashalm ergibt noch keine Wiese, ein Wassertropfen keinen Bach, ein Lufthauch noch keinen Sturm.
. . . Mein Vater . . . meine Mutter . . . und ich.
Und ICH???

»Vater, Mutter, was ergibt viele wie ICH?«

Die Eltern haben lange auf diesen Augenblick gewartet. Sie erzählen Merlin von der Vergangenheit. Und mit ihren Worten kommt ein Schmetterling geflogen und setzt sich auf Merlins Blume.
Mit den ersten Sonnenfingern macht sich Merlin auf, alle Blumen, die nicht blühen dürfen, zu besuchen.

...

Liebes Märchen! Wir haben deinen Worten aufmerksam gelauscht, haben uns erlaubt, den einen oder anderen Gedanken dazu zu denken. Aber eine Geschichte, die mit der Gewohnheit beginnt, von einem abstoßenden Kind handelt und mit einem Jungen, der Blumen suchen geht, endet, eine solche Geschichte paßt doch gar nicht zu dir. Du solltest dich lieber an das halten, was man von dir erwartet. Sonst wirst du bald wieder in alten Kisten und vergilbten Büchern stecken.

...

Das Märchen schrieb der Liebe vor einiger Zeit einen Brief. Es brauchte Auskünfte über Dinge, die nur die Liebe selbst wissen konnte.
Doch schon bald kam dieser Brief mit dem Vermerk »Adressat unbekannt verzogen« zurück. Das Märchen wunderte sich. Es konnte nicht glauben, daß die Liebe abgereist war, ohne eine neue Adresse hinterlassen zu haben.
Sofort ließ das Märchen alles liegen und machte sich auf die Suche. Bald hatte es herausgefunden, wo es hinzugehen hatte. Zu den Menschen. Die sprachen immerzu von Liebe.
Sie sagten: ›Das ist wahre Liebe‹ und ›Wenn's die Liebe nicht gäbe‹ oder ›Ich liebe dich‹.
Zu den Menschen war die Liebe also gegangen.
Das Märchen suchte bei der Frau, die ›Das ist wahre Liebe‹ gesagt hatte. Die saß auf einem Hügel von Edelsteinen. Zu ihren Füßen stand aus Tausenden von Rosen ihr Name geschrieben. Ihr Mann rannte um den Hügel und versuchte, die Mondsichel mit einem Lasso einzufangen.

»Haben Sie die Liebe gesehen?« fragte das Märchen.
»Bald, bald«, antwortete die Frau, »er braucht mir nur noch den Mond vom Himmel zu holen. Dann werden Sie die Liebe bei mir besuchen können«, und sie gähnte und schlief ein.
»Seltsam«, dachte das Märchen und versuchte es bei dem Mann, der »Wenn's die Liebe nicht gäbe« gerufen hatte.
Der Mann saß an seinem Schreibtisch, rechnete, telefonierte und brüllte: »Wo sind die 238 Weiber für Glückstadt? Und die bestellten 30 Paare für Heiligendorf? Ich brauche 100 12jährige für Fotos und eine 94jährige für einen Perversen. Ich dulde keine Verzögerungen mehr.
Was wünschen Sie?! Ich hätte da sehr preisgünstig 2 Neger, einen chinesischen Zwitter oder eine frühreife 8jährige. Naaa?!«
Das Märchen hatte anscheinend sehr lange geschlafen, diese Welt verstand es nicht mehr. Verstört sah man es durch die Straßen laufen. Nach der Liebe fragend. Doch alle zuckten mit den Schultern.
Von allen Ecken tönte es wie Spottgelächter: Ich liebe dich.

Als das Märchen einen Jungen sah, der über den Nacken eines Mädchens strich, dachte es, der müsse die Liebe eigentlich kennen. »Kann sein, kann sein«, sagte er, »aber es ist noch zu früh. Ich komm' jetzt erst zum Busen, vielleicht kann ich es dir sagen, nachdem ich beim Knie war. Tut mir leid.«
»Ich liebe dich – ich liebe dich – ich liebe dich.«

Und keiner trug die Liebe in den Augen, und keiner hatte sie bei der Hand genommen. Niemand trocknete mit Liebe Tränen, und niemand half mit Liebe einem Gestürzten auf die Beine.
Langsam begannen die Leute, auf das Märchen böse zu werden, weil es immerzu fragte, und mit keiner Antwort zufrieden war.
»Fragen Sie doch mal den komischen Kauz dort drüben«, sagte jemand, »der schwafelt schon die ganze Zeit so komisches Zeugs. Vielleicht kennt er das, was Sie suchen.«

Das Märchen sieht einen Jüngling, der den Leuten, die an ihm vorbeikommen, wunderbare Worte schenkt. Sie mit seinen Blikken umhüllt.

»Wie heißt du?« fragt das Märchen.
»Merlin, und wer bist du?«
»Ich bin das Märchen und suche die Liebe.«
Merlin weiß nicht, was das ist, und er fragt, ob es vielleicht eine Blume ist, die in jedem Menschen wächst. Ob es vielleicht ein Schmetterling ist, der Süße und Licht verschenkt.
Da nimmt das Märchen Merlin bei der Hand und weiß, daß es die Liebe gefunden hat.

Olivenbaum

Wer kann sich sein Schicksal schon aussuchen?
Reiche Prinzen müssen in armen Königshäusern leben, faule Bauern in fleißigen Ländern, Leute, die meinen sie seien Besseres, unter Leuten, die Besseres sind.
Ein Vogel hat mal gesagt: unter Adlern sei er ein Adler und unter Fliegen eine Fliege. – Dieser Vogel liebte das Leben!
Und auch die Raupe, die auf einem Olivenbaum wohnte, war glücklich und zufrieden. Sie wußte ja nicht allzu viel von der Welt. Sie hatte ihre Nase, und die erzählte ihr vom Duft der schwarzen Oliven.
Sie hatte ihre Ohren, und die hörten die aufregenden Geschichten des Windes. Das war alles, und glaubt mir, das ist schon recht viel im Leben einer Raupe.
Dem Olivenbaum ging es ähnlich. Er war ein alter Herr und wußte deshalb ein bißchen mehr von den Vorgängen rund um ihn. Nichts schien ihn aufzuregen, er nahm alles hin, wie es kam.
Sein Freund Mond berichtete ihm die Neuigkeiten, Klatsch und Tratsch, weil der ja viel herumkam.
Und ab und zu hörte er auch seltsame

Stimmen, die immer dann auftauchten, wenn seine Oliven verschwanden. Na, und damit wäre auch schon alles erzählt.
Deshalb schien es wirklich nicht verwunderlich, daß Olivenbaum verwirrt war, als er eines Tages so ein merkwürdiges, aber durchaus angenehmes Kitzeln auf seinem Stamm spürte.
Es war die Raupe. So etwas hatte Olivenbaum noch nie erlebt, er konnte sich jedenfalls nicht daran erinnern. Er versuchte, mit der Raupe ins Gespräch zu kommen. Aber glaubt mir, das war gar nicht so einfach.
»Hallo«, schien ihm eine unverbindliche Anrede zu sein.
»Hallo Sie, wer sind Sie denn?«
Erschrocken drehte sich die Raupe nach allen Seiten um, sie wußte ja nicht, ob *sie* gemeint war. Warum hatte die Natur oder sonstwer ihr auch keine Augen geschenkt!
»Sollten Sie mich meinen, ich bin eine Raupe. Und mit wem habe ich das Vergnügen?«
»Ich bin ein Olivenbaum. Sehr angenehm, ihre Bekanntschaft zu machen.« Das hatte er irgendwann mal gehört, und jetzt schien ihm der passende Moment gekommen, es auch mal anzubringen.

Die Raupe war sehr beeindruckt, kein Wunder, es war ja das erstemal, daß jemand richtig mit ihr sprach.
Und Olivenbaum empfand es auch als äußerst angenehm, daß man seine Klugheit und Gewandtheit zu schätzen wußte.
Es entwickelte sich eine richtige Freundschaft. Man tauschte Erfahrungen untereinander aus, redete über dies und das.
Naja, und es blieb natürlich nicht nur bei einem Gedankenaustausch. Sie sagten sich Zärtlichkeiten und Komplimente. Ob das nun ein: »Nein, wie stark Sie doch sind!« der Raupe war, wenn der Wind mal wieder betrunken herumkurvte, und sie sich gerade noch hinter den Stamm retten konnte, oder ein lustvolles Lachen des Olivenbaumes: »Wie zart Sie immer an meinen Blättern knabbern. Ach, wie das aufregend ist!«
Nun, so ging das den ganzen Tag hin und her.
Aber noch etwas beschäftigte beide in gleichem Maße: der eine wußte vom anderen nicht, wie der aussah. Sie vermieden dieses Thema. Die Raupe gehörte nicht gerade zu den schönsten Geschöpfen, und so ein Olivenbaum . . . Er persönlich hielt sich nicht

für besonders attraktiv. So schwiegen beide.

Wahrscheinlich hätte diese Romanze das übliche Ende genommen, kennt ihr ja, wenn man sich nichts mehr zu sagen hat und so, wäre nicht folgendes passiert: Ein Vogel hatte die Raupe entdeckt und war drauf und dran gewesen, sie zu verspeisen. Nur ein allerletztes Eingreifen Olivenbaums, mit Unterstützung des Windes, verhinderte das Schlimmste: Olivenbaum hieb mit einem Ast auf den Vogel ein, der ohnmächtig zu Boden fiel.
Seit diesem Moment sprach die ganze Umgebung nur noch von der Liebe zwischen der Raupe und dem Olivenbaum. Und, glaubt mir, nicht alle nahmen sie ernst.
Dieses Erlebnis aber machte die beiden mutiger im Zeigen ihrer Gefühle.
»Sag, Olivenbaum, wie siehst du eigentlich aus?«
Diese Frage hatte er einerseits befürchtet, andererseits gab sie ihm Gelegenheit, sich auch nach ihrem Aussehen zu erkundigen.
»Raupe, ich weiß es auch nur von Erzählungen, aber man sagt, man sagt (hier

stockte er ein bißchen) es geht ein silbernes Licht von meinen Ästen aus. Und meine Blätter bilden eine strahlende Krone.«
Glaubt mir, es war nicht einfach die Erzählung über sein Aussehen ein bißchen auszuschmücken. Aber es war doch nur, weil er seine Raupe nicht erschrecken wollte, und weil er dachte, daß sie sowieso nie erfahren würde, wie er wirklich aussah.
»Aber jetzt, Geliebte, mußt du mir auch endlich von deinem Aussehen erzählen.«
Die arme Raupe. Als Freundin eines so wunderschönen Baumes konnte sie ihn nicht mit der Wahrheit enttäuschen.
»Mein Olivenbaum, auch ich weiß es nicht genau, aber ich habe gehört, ich soll ein buntes, farbiges Kleid tragen. Und ich soll Flügel haben wie ein Vogel, und ich könnte, wenn ich wollte, auch fliegen.«
Was sie sich zum Schluß ausgedacht hatte, schien der Raupe selbst sehr gewagt, aber es sollte diesem edlen Baum zeigen, wie sehr sie ihn liebte. Denn fliegen zu können und trotzdem auf seinem Stamm zu bleiben, das beeindruckte sie sogar selbst!
Olivenbaum und Raupe atmeten auf. Keiner hatte des anderen kleinen Schwindel

durchschaut. Sie waren glücklich, erzählten sich weiterhin Geschichten, und der Mond, der Wind und auch die Vögel waren ihre Freunde.
Und wenn sich nichts geändert hätte, wäre es noch heute so.

Eines Tages erkrankte die Raupe. Sie rührte sich nicht mehr von der Stelle, sagte kein Wort, ja, sie aß sogar nichts mehr von den Blättern.
Olivenbaum war traurig, wußte nicht was geschehen war, und rief immerzu nach ihr. Er fragte die Freunde, aber auch die verhielten sich eigenartig, gaben nichtssagende Antworten und trösteten ihn. Sie sagten, es würde schon alles wieder in Ordnung kommen. Seine Raupe schliefe, das müsse so sein.
Keiner brachte es übers Herz, ihm zu sagen, daß sein Rufen, seine Hoffnung umsonst war. Daß er seine geliebte Raupe niemals mehr hören und spüren würde.

Es war ein wunderschöner Frühlingstag, als der Wind ganz vorsichtig und zart über die Raupe strich: »Räupchen, erschreck' dich

nicht, Frühling hat dir ein neues Kleid angezogen und hat . . . deine Füßchen ein bißchen verwandelt. Und er hat dir noch etwas mitgebracht: etwas, womit du deinen Olivenbaum wirst sehen können – Augen. Mach sie auf und schau dich um!«
Und die Raupe öffnete ihre Augen. Und sie sah die Sonne und den Himmel. Und sie sah ihr farbiges Kleid. Und sie sah die Freunde und . . . ihren Olivenbaum.
Wie schön er doch war. Noch viel schöner, als er ihr erzählt hatte. Die Blätter, die sie sah, waren aus Silber und die Äste bildeten eine Krone, die heller strahlte als . . . als alles andere!
»Olivenbaum! Hallo Olivenbaum, ich bin wieder gesund!«
Olivenbaum glaubte zuerst an einen Scherz, aber dann wußte er, es war die Stimme seiner Raupe. Sie war wieder da, er hatte es gewußt, nein, er hatte es gehofft.
»Sag, was war los mit dir?«
Und Raupe erzählte. Von ihrem neuen Kleid, von den Flügeln, den Augen, von ihrem neuen Namen.
Glaubt mir, als Olivenbaum das hörte, meinte er, ein Blitz würde in seine Krone

schlagen. Nun sah sie seine »silbernen« Blätter, seine krummen, grauen Äste, die nichts von einem Licht an sich hatten. Wahrscheinlich würde sie keine Minute länger bei ihm bleiben.
Und als er spürte, wie seine Raupe ihre Flügel spannte und aufflog, ging ein derartiges Beben der Trauer durch ihn, daß einige Oliven zu Boden fielen – so etwas passiert einem Olivenbaum niemals.
»Olivenbaum, ich kann fliegen, fliegen, fliegen!!!«
Ja, sie konnte wegfliegen, und er mußte bleiben.
»Flieg nur, mein Räupchen, flieg.«
Räupchen flog. Von einem Ast zum anderen. Sie umflog die Krone und küßte den Stamm. Und wenn der Wind ein kleines Spiel mit ihr treiben wollte, da packte sie eines der silbernen Blätter und hielt sich daran fest. Sie verließ niemals die silbernen Arme ihres Olivenbaumes.
Für ihn begann ein neues Leben. Ein Leben so schön, wie er es bisher nur geträumt hatte. Er wußte es jetzt, alle wußten es: Was der Mond immer erzählt hatte, war keine erfundene Geschichte: Die Liebe gibt's

wirklich! Und weil sich nichts geändert hat, ist es auch heute noch so.

Übrigens, sagt nichts und freut euch, wenn ihr mal einen Schmetterling von silbernen Blättern und leuchtenden Bäumen erzählen hört. Für ihn . . . sind sie silbern.

Berg

Wie ein einsamer König auf einem lebenden Schachbrett. Der Berg. Mit kaltem Steinhermelin und einer Krone aus schmucklosem Fels. Mehr hatte die Natur ihm nicht geschenkt. Keine Moosorden, keine Baumborden, kein lebendes Wappen, nicht einmal Blumenknöpfe.
Und vor ihm: Die schamlos gekleidete Ebene. Zeigte ihre aufreizenden Schenkel, mal grün, dann wieder braun.
Ihr Atem war die Bewegung des Blühens und Welkens. Sie schien zu sterben, um bald darauf noch stärker zu leben.
Das war es, was den Berg am meisten kränkte: Dieses Spiel der Natur mit der gierigen Landschaft. Wenn die unersättlichen Finger Jahreszeiten auf den regungslosen Körper zeichneten. Wenn eine geheimnisvolle Hand Tiere und Pflanzen vom Landpapier radierte. Eine unhörbare Stimme zu einer nie endenden Orgie rief.
Und er, hart, kalt, starr, ohne die Möglichkeit sich je daran zu beteiligen, mußte dies mit ansehen. – Ein Gelähmter auf dem Rummelplatz des Lebens.
Der Berg konnte nicht verstehen, daß die ihm zu Füßen liegende Gesellschaft nicht

einmal ein Zeichen der Freundschaft sandte. Manchmal verirrten sich Vögel in seine Nähe, doch auch nur, um sich an ihm hochzuziehen. Und die eitlen Winde holten sich neue Kräfte für ihre Spiele, die sie mit der Ebene spielten.

Wenn die Sonne den Morgen aus dem schwarzen Hut holte und den Berg mit rosa Puder schminkte, vergaß er für Momente seine Einsamkeit. Die Farbe an seinem Fels ließ ihn träumen. Von Grün auf seinem Grau; von Winden, die ihn achteten; von Vögeln, die ihm Lieder sangen.

Aber diese Träume waren verschwunden, sobald die Sonnenstrahlen ihre Arbeitsstelle Tag erreichten.

Erst wenn der Schichtwechsel stattfand und der breitgesichtige Mondwächter seinen Posten bezog, erlebte der Berg wieder ein seltsames Gefühl in seinem harten Stein. – Denn auch dem Mond war langweilig, und so erzählte er dem stummen König seine Geschichten. Von seinen langen Reisen, von den Dingen, die hinter dem Horizont passierten.

Obwohl der Berg nichts von dem verstand, was er da hörte, konnte er nicht genug da-

von kriegen. Besonders eine Sache, die der Mond immer besang, mußte etwas Wunderschönes sein. Was war es?
Es mußte mehr sein als das, was man *sehen* konnte. Wenn der Mond davon sprach, erzeugte allein seine Stimme eine Wärme, die der Berg sonst nicht kannte. Ja, es mußte etwas ganz Besonderes sein.
Nacht für Nacht lauschte der einsame König dieser Geschichte, die über den Himmel klang. Und es wuchs im toten Stein eine Pflanze, die Hoffnung hieß. Die sich im Augenblick des Aufblühens in Sehnsucht verwandeln würde.
Doch davon ahnte der Berg nichts. Kein Wunder, was bedeutet ein Augenblick in der Zeitlosigkeit eines Berges.
Aber . . . irgendwann war dieser Augenblick da.
Der Berg entdeckte, was er immer schon gesehen hatte. Jetzt verwandelten jedoch die Zauberkünstler des Augenblickes dieses Sehen in ein Fühlen.
Ja, plötzlich fühlte er. Seine Einsamkeit verschwand und auch die Traurigkeit um seinen kalten Stein.
Sein Wunsch, geschmückt zu werden mit

den Farben, die zu seinen Füßen lagen, erschien ihm nun nicht mehr unerfüllbar.
Er fühlte, er spürte, daß dieses Etwas, das er entdeckt hatte, ihm das Ersehnte schenken könnte.
Es war fast am Ende des Horizonts: ein eigenartiges Glitzern. Es schien nicht von einem Körper auszustrahlen, manchmal war es auch verschwunden. Sonne und Mond konnten es leuchten lassen.
Der Berg war sich sicher, das war es, wovon der Mond ihm erzählt hatte.
Das Glitzern. Durch die Kraft der Sehnsucht wurde es zum Licht. Was hätte der Berg alles gegeben, um dorthin zu gelangen. Es an seinem Steinhermelin liegen zu sehen. Wenn sie erst vereint wären, könnte es ihm das ersehnte Leben einhauchen, alle würden sehen, daß er lebt!
Dieser langgezogene Strahl am Horizont bestimmte fortan sein Leben.
Endlose Blicke des Fühlens, wenn die Sonne ihm das Ziel seiner Sehnsüchte zeigte. Traurigkeit, wenn Wolkenungeheuer mit langgestreckten Armen die Sicht verdeckten.
Aber noch viel unglücklicher wurde der

Berg, wenn ihm die Ausweglosigkeit seiner Situation bewußt wurde. War er doch für ewig erstarrt, unfähig dem Unbekannten ein Zeichen seines Glückes, seiner Gefühle zu zeigen.

Wie schwer ist es, den Maßstab der Zeit an einen Berg zu legen. Aber irgendwann besuchte ihn ein Wind. Der war nicht gekommen, um sich zu stärken, nein, es war ein schmeichelnder Wind, und der setzte auf die Krone des einsamen Königs ein Wölkchen.

Der Berg kannte Wolken; er haßte Wolken, weil sie ihm die Sicht nahmen.

Diese Wolke aber war anders. Sie saß zart auf seinem Stein, kühlte ihn nicht, sondern wärmte auf eine unbekannte Art.

Sie begann mit ihm zu sprechen. So wie es auch der Mond getan hatte. Aber . . . ihre Worte waren Tränen! Glaubt nicht, daß es Regen war. Es war keiner. Es waren zu Körper gewordene Gefühle, die ganz langsam und vorsichtig über den Stein wanderten und sich Tore in das Innere des Berges suchten.

Es mußte ein Zeichen sein, ein Zeichen des

Lebens, das ihm zeigen sollte, ihn ahnen lassen sollte, was Atem, Süße, Zartheit bedeuten.
Und die Sonne schrieb etwas auf das blaue Zeltdach, er verstand es nicht, noch nicht, aber er fühlte, daß es eine Botschaft des Glitzerns war.

Und kaum, daß der Mond zweimal über das schwarze Laken gesichelt war, geschah so Seltsames, so Wunderbares, daß es der Berg, nach der Entdeckung der Hoffnung, der Sehnsucht, der Wärme zuerst gar nicht begreifen konnte.
Die Wolkentränen begannen, seinen grauen, toten Stein mit Moos, Grashalmen, Blättchen zu bemalen. – Seine Wünsche waren Wirklichkeit geworden – er lebte! Auf schmalen, kurvigen Farbflüssen schaukelten frühlingshaft gekleidete Blumendamen und grünbefrackte Gräser. Zur Musik der Winde und der Vögel, im warmen Glanz der Sonnenlichtorgel.
Und auf dem Steinhermelin – prächtige Moosorden!

Und kaum, daß der Morgen, von der Sonne

gejagt, in den Tag lief, geschah noch Unglaublicheres.
Aus dem untersten Knopfloch des Felsenmantels drang das blubbernde Lachen einer Quelle. Ihre zarten Wasserfinger hatten den Bergmund kräftig grün, blau, violett geschminkt. Und nicht nur den Mund! Die ganze Quellenstraße war bunt gefärbt. – Sogar die Sonne riskierte neidische Blicke!

Ja, der König lebte. Die Wolkentränen hatten ihm nicht nur den Atem des Lebens überbracht; sie waren Boten gewesen. Das Glitzern hatte sie gesandt. Das Glitzern, das genauso der Sehnsucht verfallen war und jetzt auf die Antwort des Berges wartete. Auf die Antwort, die das klare Wasser aus seinem Inneren hervorholte: von seiner Einsamkeit und seiner Hoffnung, von seinen Träumen und seiner Sehnsucht.
Die Quelle, durch die Hoffnung zum Bach, durch die Sehnsucht zum Fluß geworden, zog durch die Ebene. Der Sonnenwegweiser zeigte die Richtung, der Mondwächter führte durch die Nacht, und der Wind schickte Wolken, gefüllt mit Tränen, die das Wasser noch stärker werden ließen.

Der Berg folgte jeder Bewegung seiner Botschaft und irgendwann, was spielt die Zeit im Leben eines Berges für eine Rolle, irgendwann wurde die Stimme seines Inneren mit dem Glitzern am Ende des Horizonts eins.

Und Augenblicke, ja Augenblicke später hörte er plötzlich, ganz deutlich, fremde, berauschende Worte. Sie kamen aus weiter Ferne, und Winde von ungeheurer Stärke brachten sie zu ihm.

Und er sah, wie das geheimnisvolle Glitzern, dieses Ziel all seiner Hoffnungen, seiner Sehnsüchte, das Ende des Horizonts verließ und mit unglaublicher Geschwindigkeit, mit unendlicher Breite und Größe auf ihn zukam.

Und es vergingen wiederum nur Augenblicke, bis die erste Meereswelle seinen Steinhermelin küßte.

Spiegel

Ihr meint, ein König ist ein glücklicher Mann. In vielen Fällen habt ihr da auch recht.
Das Märchen aber kannte einen, den hatte das Schicksal schwer getroffen.
Es war nicht Mangel an Kaviar auf seinen Tischen, auch gab es noch genug untertänige Untertanen.
Nein, keine Angst! Der König litt auch keine Not an Hofnarren, Ministern, schönen Damen.
Er konnte nach wie vor jeden Baum fällen, jede Blume pflücken und jedes Wasser versiegen lassen.
Tja, aber das Schicksal sieht den Menschen in die Augen und nicht in die Ahnentafel oder in den Geldbeutel. Und macht deshalb auch vor einem König nicht halt.
Die Sache mit seinem Geld, seiner Herrschaft, seiner Macht, die war schon in Ordnung, die stand so in den Büchern geschrieben, aber sein persönliches Glück verhielt sich ganz anders.
Dieser König hatte nämlich keine 3 Söhne, die sich ums Erbe stritten.
Nicht einmal einen heldenhaften Prinzen, der von Turnier zu Turnier sprengte und

süßen Prinzessinnen irgendwelche Siegestrophäen zuwarf.
Und auch keinen weibstollen Königsthron- und Frauenbesteiger, der der Klatschpresse Stoff lieferte.
Nichts dergleichen.
Der König hatte nur eine Tochter, und zu allem Unglück hieß sie auch noch Pampelfedia.
Diese Prinzessin war nicht schön und nicht häßlich. Nicht dick und auch nicht dünn. Man konnte sie nicht groß, aber auch nicht klein nennen. Sie war weder gescheit noch dumm.
Wollte man sie beschreiben, man konnte es nicht.
All diese Umstände trugen dazu bei, daß Pampelfedia zu einem eigensinnigen, scheuen, kontaktarmen Mädchen heranwuchs. Niemand konnte es ihr recht machen, sie wußte alles besser und war mit nichts zu erfreuen. Wer ihr zu nahe kam, landete unweigerlich bei den Krokodilen im Schloßgraben.
Bei diesen Charaktereigenschaften war es vorauszusehen, daß das übliche Brautwerben ausblieb.

Hatten es doch die Edelmänner normalerweise mit ganz anderen Problemen zu tun: traurige Prinzessinnen, die zum Lachen gebracht werden mußten; schlafende, die nur durch Küsse zum Leben erweckt werden wollten; oder solche, die mit Flüchen, Krätze oder sonstigen Scheußlichkeiten behaftet waren.
Bei dieser Prinzessin hätte wohl nur ein Psychiater helfen können, aber die hießen damals noch anders.
Des Königs und seiner Tochter Leben verlief trostlos. Alle Versprechungen, Verlokkungen halfen nichts – dieses Königskind war nicht unter die Krone zu bringen. Sie tröstete sich inzwischen mit allerlei Trivialliteratur, in der Prinzen Prinzessinnen rauben, sie heiraten und dann nicht sterben dürfen, weil sie noch immer leben sollen.
Sie war fasziniert von den Geschichten, in denen einsame Mädchen Kröten und ähnliches fanden, und es eines Tages dann »ZACK« machte und verwunschene Schönlinge vor ihnen standen.
Eine Geschichte, nämlich die vom Zauberspiegel, beeindruckte sie besonders.
Sofort ließ sie sich auch so einen kommen.

Anfangs eine harmlose Sache, wäre da nicht diese plötzliche Hingabe, ja Liebe zu der Gestalt entbrannt, die sie aus dem Spiegel anlachte.
Sie sprach immer öfters mit der Pampelfedia, die ihr spiegelverkehrt erschien.
Sie begann, alle ihre Erledigungen nur noch vor diesem Spiegel auszuführen.
Und als ihre Hofdamen hörten, wie sie begann, ihren Spiegel zärtlich »Rudolf« zu nennen, blieb ihr der Spott nicht erspart.
»Jetzt ist sie verrückt geworden«, sagte man, aber Pampelfedia blinzelte ihrem Rudolf zu und flüsterte: »Dafür sind wir nicht mehr einsam!«
Ihre intensiven Gespräche mit Rudolf zeigten, daß sie endlich jemanden gefunden hatte, der sie wirklich verstand. Rudolf wußte auf jede Frage eine Antwort. Er verspottete sie niemals, wie es alle anderen taten.
Er führte sie in eine fremde Welt, in die Unendlichkeit eines Spiegels.
Das Leben außerhalb des Spiegels empfand sie als bedrohlich, und sie verschloß sich immer mehr hinter diese zwei mal ein Meter große, spiegelnde Tür. Sie hatte Angst, die Spötter und Neider wollten ihr Glück zer-

stören. – Das Glück, mit diesem Traumprinzen leben zu dürfen, der sie so sanft liebte. Der so zart über ihren Körper strich, wie man eine Blume berührt, ohne sie zu verletzen.

Ein Prinz, der nie fortging, der lachte, wenn auch sie lachte, der weinte, wenn sie traurig war.

Die königliche Familie war dem erbarmungslosen Spott des Volkes ausgesetzt. In seiner letzten Verzweiflung beschloß der Vater, diesem Spuk ein Ende zu bereiten und seiner Tochter diesen verdammten Spiegel wegzunehmen.

Aber irgendein geheimnisvoller Bote (wer es wohl war???) steckte der Prinzessin einen Zettel zu, auf dem er sie warnte.

Pampelfedia geriet in wilde Panik.

Sie befragte ihren Geliebten und der antwortete, ohne zu zögern: »Wir müssen fliehen.«

Aber wohin? Ja, wohin?

Und abermals gab ihr Rudolf die Antwort: »Auf die Insel Liebe.«

Die Prinzessin hatte über die Worte ihres Prinzen noch gar nicht nachgedacht, als sich schon ein Fenster ihres Gemaches öffnete

und ein Wolkenvogel, graurosa gesprenkelt, hereinschwebte.
Und Pampelfedia und Rudolf setzten sich auf seinen Rücken, und er trug sie durch die Lüfte.
Über Meereswellen, die sich wild nach ihnen streckten.
Mit dem Wind, der sie Zeit und Raum spüren ließ.
Durch eine Nebeldecke, die keine Blicke erlaubte.
Und da lag sie, die Insel Liebe.
Wie schön mußte sie sein, wenn sie allen Liebenden dieser Erde Zufluchtsort war. Wie herzlich, sanft, gut mußten die Menschen sein, die auf ihr wohnten.
Ja, so war es auch.
Wie herrlich war diese Landschaft, sie war wie . . . Pampelfedia genoß den Anblick, wenn sie sich auch wunderte: Diese Gegend schien sie zu kennen. Und sie lachte: »Rudolf, es sieht doch fast wie bei uns zu Hause aus, seltsam!«
Und die Menschen. Ja, es waren gute, das konnte man in ihren Gesichtern lesen. Diese Gesichter . . .
»Eigenartig, Rudolf, es kommt mir vor, als

würde ich diese Gesichter kennen. Rudolf, was sagst du dazu? Rudolf!!«
Als sie keine Antwort hörte, drehte sie sich erschrocken zum Spiegel um. Und sah ... sah ein hübsches, junges Mädchen mit leuchtenden Augen, lachendem Mund und schöner Gestalt. Und dieses Mädchen im Spiegel sagte mit ihrer Stimme: »Pampelfedia, öffne deine Augen!«
Die Prinzessin öffnete ihre Augen und sah einen wunderschönen Jüngling.
Er faßte mit einer Hand nach ihr, die war zart wie ein Wolkenvogel, graurosa gesprenkelt.
Und er küßte sie mit Lippen, die waren wie wilde Meereswellen, und seine Liebe war wie ein Wind, ja wie ein Wind.

Maskenball

Ein Drache kam als Pfau.
Zwei Hexen hatten sich als Schmetterlinge verkleidet.
Ein Kobold trug ein Leopardenfell und fauchte.
Auch ein Riese, der nicht sehr einfallsreich gewesen war, stapfte umher. Er hatte sich überall Seile hingebunden, als Erinnerung an eine blöde Geschichte.
Eine Maske fiel besonders auf: Sie stellte einen Menschen dar.
Der Riese meinte, es könne sich dabei nur um einen Druiden oder Zauberer handeln. Die Ähnlichkeit war ihm zu verblüffend.
Das Märchen schwieg, als es das hörte.
Auch, als das Tuscheln der anderen zunahm, die nachtfaltig um den Menschen herumschwirrten.
Es war ziemlich gewagt, sich gerade als Mensch zu verkleiden. Immerhin arbeiteten alle, die sich zu diesem Maskenfest getroffen hatten, für das Volk der Menschen.
Und eine solche Maskierung konnte man fast, ja fast als Demonstration auslegen. Als stillen Protest. Man hätte sich nicht gewundert, wäre unter den progressiven Zwergen das Wort »Revolution« gefallen.

Das Märchen schwieg.
Sicher, es hätte eingreifen können. Aber es ließ die Figuren, deren Wünsche heute abend Ausgang bekommen hatten, ihre Masken weitertragen.

Das Fest tanzte seinem Höhepunkt entgegen. Bis auf den Menschen. – Der schritt wie ein Kondensstreifen über den bunten Himmel der Fantasiefiguren.
In lebloses Schwarz gekleidet, undurchschaubares Glas verdeckte die Augen. Und . . . er trug einen Koffer in der Hand. Schon die ganze Zeit, ohne ihn auch nur einmal abgestellt zu haben.
Jetzt schritt er auf ein Mandelbäumchen zu, das sich wild zur Windmusik bewegte. Der Frühling versuchte verzweifelt, seine Blüten auf den zarten Astarmen zu bewahren. Doch seine Bemühungen verloren sich im ekstatischen Tanz.
Wie kleine Herbste lagen die rosa Küsse am Boden. Der Mensch blieb vor dem tanzenden Baume stehen, öffnete seinen Koffer. Er begann, jede einzelne Blüte aufzuheben und sie vorsichtig in das schwarze Gehäuse zu legen.

Als er alle Blüten eingesammelt hatte, richtete er sich auf und blickte suchend in die Runde.
Entdeckte einen Dolm, der als Eule herumstolzierte. Nun, Dolme gelten seit jeher als etwas einfältig, kein Wunder, daß sich dieser mit der Maske der Weisheit geschmückt hatte.
Der Mensch lauschte den Sprüchen der Vogelmaske: Eulenweisheiten, die irgendwo geschrieben standen und derer sich die . . . nun ja, eben Dolme und Genossen gern annahmen und als ihre Weisheiten ausgaben.
Diese Worte schrieb der Mensch auf, studierte sie und legte den Bogen voll Klugheit in seinen Koffer.
Viele Spinnenkostüme: Zwerge erkannte man ihrer Größe wegen. Hexen konnten ihren Buckel nicht verbergen, und ein Rabe hatte vergessen, daß er als Spinne nicht fliegen konnte.
Der Mensch verfolgte gebannt die Bewegungen dieser Tiere.
Zuerst tanzten sie um ihre Opfer, umfingen sie mit langen Armen. Und einmal gefesselt, wurde die Beute zum Besitz.
Als Eigentum mußten sie alles willenlos

über sich ergehen lassen. Wurden ausgesaugt – leer hingeworfen. So taten es die großen, die kleinen, die satten und die hungrigen Spinnen.
Eine besonders winzige, weiß Gott wer da druntersteckte, begann eben, ihr Netz um eine Eintagsfliege zu legen. Das Insekt freute sich über die Aufmerksamkeit, die man ihm entgegenbrachte. Aber gerade als sich die Fesseln um seine Flügel legen wollten, packten zwei riesige Finger die Spinne, sie wurde vor ein großes Auge gehalten, betrachtet, und verschwand in einem schwarzen Loch – dem Koffer des Menschen.

Längst war das Hauptvergnügen des Maskenfestes nicht mehr Musik und Tanz, sondern das seltsame Verhalten der Menschenfigur.
Wie ein unverschämter Wiesenfleck auf makelloser Schneedecke.
So egoistisch wie Feuer.
So um sich greifend wie Wind.
Wonach suchte dieser Mensch?

»Liebes Märchen«, fragte der Riese, »weißt du, wer hinter der Maske steckt?«

Das Märchen schwieg.
In einer Ecke des Saales wurde eine kleine Fee sichtbar. Ihre Art zu tanzen, ihre Bewegungen, ihr feines Gesicht waren so fremdartig schön, daß man annehmen mußte, hier wäre jemand unmaskiert erschienen.
Wie eine Marionette, geführt von der Sonne, dem Wind, dem Leben, schwebte sie auf den Menschen zu.
Wer soll beschreiben, wie es ist, wenn Sonne, Wind und das Leben ihre Arbeit vergessen.
Die Fee und der Mensch standen sich gegenüber. Sie begannen sich zu bewegen.
Und die Sonne schmolz das undurchsichtige Glas vor seinen Augen, der Wind zauberte den Gleichklang in ihre Bewegungen, und das Leben atmete mit lautloser Sprache.
Alles, was die zwei Gestalten umgab, schien in einen zeitlosen Raum zu versinken.
Blicke, die um das Überleben kämpften.
Gedanken, die jedes Wort verweigerten, weil sie sich nackt so wohl fühlten.
Die Musik hatte zu spielen aufgehört, sie konnte die Lautlosigkeit nicht mehr übertönen.

Alle Masken standen still und verfolgten das Spiel zwischen Mensch und Fee.
Was für ein Spiel!
Gefühle und Gedanken verwandeln sich durch geheimnisvolle Kräfte zu Berührung und Blick. Die ziehen los, über Haarfelder, Hautwüsten, um zu Mündern, Nasen, Augen zu gelangen.
Tausend Szenen, aufgeführt in *einem* Blick, in *einer* fingerkuppigen Berührung.
Die Augen des Menschen waren jetzt geöffnet und erzählten, was sie gefunden hatten!
Als der Mond auf der Himmelsschaukel immer schwerer wurde, nach unten sank und die Sonne sich langsam hochdrückte, riefen die Märchenbücher nach ihren Figuren.
Und als der Mensch die kleine Fee zum Ausgang eilen sah, lief er ihr nach und hielt sie noch einmal fest.
Er öffnete seinen Koffer, nahm die verwelkten Blüten, die zerronnenen Weisheiten, die in sich selbst versponnene Spinne und warf alles in die letzte Dunkelheit der Nacht.
Dann füllte er seinen Koffer mit *ihren* Blikken, mit *ihrem* Kuß und mit einem Stückchen Erinnerung, das sie ihm gab.

Mit dem ersten Sonnenstrahl, der über den Horizont balancierte, war der Pfau wieder Drache, der Schmetterling wieder Hexe und der Riese wieder auf Wanderschaft.
Der Mensch aber fuhr mit einem Taxi zum Flughafen, mietete sich eine Cessna, flog damit rund um die Welt und leerte den Inhalt seines Koffers auf die Menschen.
Das Zeitalter der Liebe war angebrochen.

Farbenhändler

»Herrgott nochmal, Winter, jedes Jahr machen Sie uns die gleichen Schwierigkeiten. Packen Sie Ihre Sachen und hauen Sie ab. Ich habe diese Vorschriften und Dienstpläne ja nicht gemacht.«
Winter war seit Eiszeiten Vertreter für Weißwäsche aller Art. Er konnte sich einfach nicht damit abfinden, zu gegebener Zeit seine Landkundschaft an den Farbenhändler zu übergeben. Oft mußte sogar Gewalt angewandt werden. Dann schickten seine Vorgesetzten den Sonnenexekutor los. Der machte Winter, ohne langes Zögern, grüne Flecken in seine weißen Leintücher – ohnehin schon letzte Qualität. Das begriff er! Bestieg den nächsten Windzug nach dem Norden und schwor Rache. Wie jedes Jahr.
Wenn Winter endlich hinter der Horizontbahnschranke verschwunden war, begann man, alles für den Empfang des Farbenhändlers vorzubereiten.
Sonne kehrte Wolken am Himmelsteppich, Mond wischte über den Sternenvorhang, und die Landkundschaft holte ihr Knospenguthaben aus den Erdstrümpfen.
Am Theater der Verwandlungen hatten

Raupen und Puppen Kostümprobe, Wind erwartete täglich eine Paketsendung von den Verwandten am Golfstrom. Und Bär drehte sich noch einmal zu seinen Träumen, die allesamt mit Honig anfingen.

Der Windzug aus dem Süden, den der Farbenhändler benützte, schien sich dieses Jahr zu verspäten. Aber niemand war deswegen etwa beunruhigt. Das kannte man, so 'ne kleine Verzögerung kam ja öfters vor.
Also warten.
Die Aufregung wuchs, und man hoffte auf ein erstes Zeichen der Sonne: Wenn der Farbenhändler nahte, begann sie abends ein bißchen später zu gähnen, mit lauem Atem, und morgens tat sie statt Frost, Tau in ihr Landputzglas.
Ein ziemlich sicheres Signal für seine baldige Ankunft war auch die Wiederaufnahme des Trainings der Baummannschaft. Es war ein uraltes Spiel, unserem Fußball ähnlich. Nur, daß man es mit Gefühlsbällen spielte und ohne festes Ziel. Der Farbenhändler sponserte sie für gewöhnlich, und ihm zuliebe schlugen die Baumstars aus. – Sehr zum Leidwesen der Boskabauter, de-

ren Siedlungen daraufhin meist zusammenbrachen!
Aber es war nun einmal Brauch, ist und wird es immer sein.
Die allergrößten Vorbereitungen für das Wiedersehen fanden aber bei der Liebe statt.
Wie eine riesige Schaukel setzt sie der Farbenhändler bei seiner Ankunft in Bewegung. Der Schwung reicht meist bis zur Abreise Winters. Nur in den seltensten Fällen kommt sie zum Stehen, bevor der Farbenhändler seine Ware wieder anbietet. Und wenn, dann nur, weil die Liebe selbst es eben so will.
Also der Farbenhändler. Mit einer geheimnisvollen, undurchschaubaren Kraft bringt er die Liebe immer wieder in derart schwindelnde Höhen, daß . . . (*Entschuldigung, daß ich unterbreche: Ist der Windzug schon eingetroffen? Was?? Ein Frostbote hat soeben die Verspätung durchgegeben? Aha. Danke.*) . . . nun, daß alle, die sich eine Schaukelkarte gekauft haben, meinen, sie würden sich mitsamt der Liebe überschlagen.
Aber am höchsten Punkt angelangt, nach

einem kurzen Stillstand, rast die Schaukel hinunter, man meint, ungeheure Tiefen zu erforschen, um Augenblicke später wieder einen neuen Höhenrausch zu erleben.
Schön ist's auf dem Jahrmarkt der Gefühle.
So ein Jahrmarkt will natürlich sehr gepflegt werden. Und das geschieht, wenn der Farbenhändler seine Buden aufschlägt.
(*Ist er noch immer nicht da?!?!*) Blicke müssen sorgfältig gereinigt und überprüft werden, Spezialisten sind ausschließlich damit beschäftigt, neue Worte zu entwerfen, Spannungen müssen neu verlegt und Gerüche auf ihre zukünftigen Aufgaben vorbereitet werden.
Die Zartheit wird poliert, und nicht zuletzt muß jemand den Amor wecken, und das allein ist schon eine Aufgabe für sich.
Kurzum, die Liebe hatte noch alle Gefühle voll zu tun. So war es ihr noch gar nicht aufgefallen, welche Unruhe sich überall verbreitet hatte.
(*Hat schon wer was gehört?! Was?!?!?!*)
Die Sonne stand ratlos an der Tagesbar, wußte nicht recht, ob sie noch ein Wölkchen heben sollte. Sie ließ es bleiben, bereute es bald; das nervöse Klopfen der Re-

genfinger auf die Landplatte ging ihr ziemlich an die Solarzellen.
Inzwischen lieferten ein paar verschlafene Vorortwinde Samenbüchsen und Pollenkonserven, war aber noch keine Knospe da, sie entgegenzunehmen.
Warten.
Plötzlich bog aus dem südlichen Talkessel ein Eilbote, Orkan, um die Ecke. Die Baummannschaft winkte aufgeregt mit schwangeren Ästen, Gräser verneigten sich dienstergeben und eine lampenfiebrige Raupe kostümierte sich schon.
Orkan bäumte sich auf und stand windhosig in der Gegend. – Gespenstische Ruhe. – Jetzt würde man endlich erfahren, was mit dem Farbenhändler los war.
Die Sonne ahnte es als erstes: als eine schwarze Wolkenpatrouille sie in Schutzhaft nahm.
Gleich darauf wurde die Mondfahne eingeholt.
Nach und nach begann die Landkundschaft das Spiel zu durchschauen. Sie verkrochen sich schweigend, wischten verlegen die Knospen von ihren Kostümen, schmiegten sich frierend aneinander.

Der Platz, über dem Orkan mit beängstigender Geräuschlosigkeit schwirrte, leerte sich. Einzig . . . die Liebe stand noch da. Sie hatte noch nicht verstanden. Gar nichts verstanden. Voll Unschuld und Zärtlichkeit, voll Wärme sah sie Orkan an und wartete, daß er sagen würde: »Ja, der Farbenhändler ist unterwegs, er hat sich ein bißchen verspätet, aber in 1 oder 2 Tagen . . .« Orkan schwieg, aber es brach ihm fast das Herz wie die Liebe ihn ansah, und er weinte Eistränen, als er flüsterte: »Dieses Jahr . . . wird kein Windzug aus dem Süden kommen . . . und . . . kein Farbenhändler.«
Die anderen hatten sich still zurückgezogen, sie wußten, daß es keinen Sinn gehabt hätte, gegen die Verordnungen des Jahres zu protestieren.
Nur die Liebe hatte nicht aufgegeben. Es war ihr klar, daß, würde ihre Schaukel stillstehen, bald alles stillstehen würde. Und sie schickte Orkan einen Blick, *ihren* Blick.
Im selben Moment brach er krachend los, ergriff mit Marktschreierhänden die Schaukel und schleuderte die Liebe, so hoch wie nie zuvor, in das Jahr, in dem es keinen Frühling gab.

Provence

Man läßt sie nicht lange schlafen. Naja, das Sternenmuster der Nachtvorhänge ist auch zu hell, und der Mond leuchtet wie Neonlicht.

Früh kommt das Licht auf ihr schönes Gesicht und hebt sie aus dem faulen Schlaf. Es schenkt ihr das Gefühl des Erwachens, des Lebendigwerdens.

Sie liebt den Morgen mit seinen zarten, langsamen, geschäftigen Stunden.

Sie liebt ihn, weil er sie schmückt. Er hält Blüten-Make-up für sie bereit, und die Knospenwickler richten ihr zerwühltes, astiges Haar auf.

Mit einem Sonnenstift, warmrot, zieht er ihr die blassen Lippen nach, und ein feiner Pinsel färbt saftgrün die sich langsam hebenden Augenlider.

Ihr trockener Körper verlangt nach Leben und zarte Windhände verteilen Düfte, und sanfte Wärme massiert die Hautlandschaft und macht sie weich und geschmeidig.

Sie streift das aufregendste Kleid über: Haute Couture. Mandelweiß und Aprikosenrosa. Minzengestreift mit Lavendelpünktchen. – Und Thymiankragen.

Sie probiert roterdige, hartledrige Schuhe.

Bei jeder anderen würden sie plump aussehen. Nicht bei ihr, nein, nicht bei ihr. Unsichtbare Finger öffnen die Schmuckschatulle. Vielleicht eine Kette aus bunten, singenden Vögeln?! Aus der Meisterwerkstatt der Natur.
Eine borstige Brosche? Ja, weil man sie unter dem dichtbestrüppten Schal sowieso nicht sehen kann. Ach, die Ohrgehänge hätte sie fast vergessen: An krüppeligem Platinstamm silberne, traubenförmige Tropfen.
Jetzt ist sie bereit, ihren Liebhaber zu empfangen. Er ist wild, aber niemals brutal. Er deckt nicht zu, schnürt nicht ein, wie die Nacht mit kaltem Schnee oder der Mittag mit seiner drückenden Hitze. Er gebärdet sich nicht mit Imponiergehabe wie die endlosen Nachmittagsherbste, die mit männlichem Donner und affektierten Blitzen prahlen.
Nein, der Mistral des frühlingshaften Vormittages ist keine Waffe und ihre zypressigen Finger sind keine Krallen. Es sind Attribute für ein Liebesspiel, von beiden entfacht, von beiden gewollt, der Erde Leben zu schenken.

Fast störend wirken da die anderen.
Mit unreifen Fingerkuppen, die noch keine Geheimnisse kennen, machen sie sich auf die Suche. Wollen nur genießen: die Schönheit, die Zartheit, das Wilde. Sie wollen genießen, was sie zu Hause entbehren müssen. Und sie meinen, sie haben ein Recht darauf und nehmen sich, was ihnen nehmenswert erscheint.
Sie kommen zu allen Zeiten und läuten Sturm. Sie erobern versperrte Türen im Handumdrehen. Sie dringen erbarmungslos ein und wollen verändern: Ihr Gesicht, ihren Körper, ihre Gefühle. Und einmal gerochen, geschmeckt, befühlt, verlassen sie den Ort der Befriedigung und fliegen wie programmierte Bienen zur nächsten Blüte.
Doch es gibt die Liebe, und die gibt ihr die Kraft, sich trotzdem zu kleiden, zu schminken, sich schön zu machen.
Sie tut es für den Mistral. Und für die Sonne. Und wahrscheinlich auch für die, die sie nicht nur lieben, sondern auch mit ihr aufstehen – unter dem Sternenmuster der Nachtvorhänge.
Sich mit ihr niederlegen, wenn die Sonne das Licht verlöscht.

Für die, die sie nicht nur genießen, sondern auch verstehen wollen.
Ich weiß nicht, ob ich so bin, aber ich nahm mir auch ein Stück von dir.
Typisch Mann. Verzeih, Provence.

Irgendwann

Irgendwann hatte man alles vergessen.
Die Freundschaft lag unter der Erde, Brüderlichkeit war zusammen mit der Freiheit an die Wand gestellt worden, und die Liebe wurde im Zuge der Automation arbeitslos, somit straffällig, somit liquidiert.
Dieses Vergessen war notwendig geworden, um sich auf die wichtigen Dinge des Lebens konzentrieren zu können.
Neid, Krieg, Haß waren die neuen Führer.
Die Menschen waren Leute geworden.

Unter den Leuten gab es nur noch ganz wenige, die sich noch erinnern konnten. Sie waren alt wie Bäume, und gern hätte man sie gefällt. Doch man ließ sie leben, weil sie schwiegen.
Ja, manchmal kamen dunkle Gestalten, um etwas zu hören, was Geschichte oder Märchen heißen sollte, aber die Alten waren schlau. Sie durchschauten die Pläne des Bösen, ihnen die letzten Geheimnisse zu entlocken, und blieben stumm.
Der Haß jedoch hatte die Zeit unter Vertrag und wußte, daß diese ihre Arbeit gründlich und sicher erledigen würde.
Das wußten auch die Alten. Und sie berie-

ten sich, was sie tun konnten, um ihre Erinnerungen zu retten. Aber nichts schien vor dem Bösen sicher zu sein.
Da schwebte lautlos ein kleiner, bunter Vogel durch das Fenster und ließ sich bei den Alten nieder. Wie lange schon hatten sie keinen Vogel mehr gesehen, es war, als wäre er ihren Erinnerungen entflogen. Und als sie ein Singen erwarteten, hörten ihre müden Ohren eine leise, zarte Stimme, die zu ihnen sprach: »Ich bin gekommen, um eure Geschichten und Märchen zu hören. Ich weiß, daß ihr die letzten seid, die sich erinnern können. Erzählt und habt keine Angst!«
Das war alles, was er sagte.
Von nun an saß er still in ihrer Runde und lauschte jedem Wort, das über die Lippen der Menschen kam, die alt wie Bäume waren. Und noch einmal leuchteten Augen, lachten Gesichter, beschrieben Hände.
Noch einmal holten ihre Blicke die Freundschaft aus den Gräbern, lachten Brüderlichkeit und Freiheit über die Kugeln, die sie töten sollten und sich in Blumen verwandelten.
Und noch einmal beschworen ihre alten

Hände die Liebe herauf, und sie war da, wie letzte Blüten auf einem sterbenden Baum.

Die Zeit kam, um ihren Auftrag zu erfüllen. Und als der Haß und das Böse kamen, das alte Holz zu verbrennen, die letzten Erinnerungen endgültig in den Wind zu streuen, flog ein kleiner, bunter Vogel aus dem Fenster, und alle lachten, denn die Augen der Leute hatten so etwas noch nicht gesehen.

»Fast hätten wir unsere Geschichten und Märchen vergessen, weil wir sie niemandem erzählen durften. Nun liegt es an dir, sie wieder lebendig zu machen. Nur wenn *du* es fertigbringst, daß man dir zuhört, werden die Leute wieder zu Menschen werden!«
Diese letzten Worte der Alten ließen den kleinen, bunten Vogel nicht mehr zur Ruhe kommen.
Verzweifelt suchte er nach einem Ohr, das ihn hören konnte.
Doch die Leute flüchteten vor diesem fremden Wesen, weil sie dachten, es sei eine neue Erfindung des Feindes.
Der Vogel war müde und ohne Hoffnung

und hatte sich auf einem Stein niedergelassen. Plötzlich spürte er hinter sich einen aufgeregten Atem. Als er sich umsah, blickte er in zwei große Augen. In Augen, die waren, als hätten sie nichts vergessen. Diese Augen hatten keine Angst, diese Hände wollten fühlen und nicht fangen, und dieser Mund lachte: »Solche Farben! Solche Farben habe ich noch nie gesehen. Sowas wie dich habe ich überhaupt noch nie gesehen.«
Und zarte Kinderhände hoben sanft den kleinen, bunten Vogel vor neugierige Kinderaugen.
Das Kind erschrak, als es eine leise Stimme sagen hörte: »Auf dich habe ich gewartet! Du sollst meine Geschichten und Märchen hören.«
Woher sollte das Kind wissen, was das bedeutete?
Aber dieser Vogel war so schön, seine Stimme so fein, daß das Kind nicht widerstehen konnte.
»Ja, ich möchte dir gern zuhören.« Und es setzte sich auf den Stein und lauschte der Stimme des Vogels.
War es am Anfang wohl nur Neugierde ge-

wesen, so konnte der Vogel am Schweigen, am Lachen, am Weinen bald erkennen, daß er sich nicht getäuscht hatte: Es war, als würde sich jede Geschichte durch das Zuhören zu einer zarten Knospe auf einem jungen Baum verwandeln.
Bald brachte das Kind seine Freunde mit, und es verging nicht viel Zeit, da saßen viele Kinder um den Stein und waren versunken in die Märchen des kleinen, bunten Vogels. Keinem der Kinder war es aufgefallen, daß nach jeder Geschichte eine der bunten Federn zu Boden schwebte. Daher konnten sie auch nicht sehen, wie sich jede, sobald sie den Boden berührte, in eine kleine, bunte Blume verwandelte.
Irgendwann, als der kleine bunte Vogel im Kreise der Kinder saß, bemerkte er, daß er nur noch eine bunte Feder besaß. So vertieft war er in seine Aufgabe gewesen, so hatten ihn die Worte der Alten vorangetrieben, daß es ihm nicht aufgefallen war, wie die Zeit wieder arbeitete.
Bevor er den Kindern das letzte Märchen erzählte, mußte er sie noch an etwas erinnern. Das, was ihm auch die Menschen, die so alt wie Bäume gewesen waren, gesagt

hatten: »Märchen können nur leben, wenn sie gehört werden.« Und nun sollten, mußten die Kinder sie weitererzählen.
Der kleine, schwarze Vogel begann seine letzte Geschichte.
Noch einmal wollte er die großen Augen in eine Welt mitnehmen, die sie nicht kannten. Noch einmal würde er ihr Lachen hören. Noch einmal . . .
Aber . . . da begannen die Kinder zu weinen. Und als er sie fragte, warum sie traurig wären, schluchzten sie: »Kleiner Vogel, wir können deine Geschichten nicht weitererzählen. Du hättest uns das vorher sagen müssen – wir haben sie alle vergessen.«
Deshalb hatte das Böse also nichts unternommen, hatte es zugelassen, daß der Vogel seine letzten Erinnerungen preisgab: weil das Böse wußte, daß seine Kinder alles vergessen würden.
Und als der kleine, schwarze Vogel tot vom Steine sank, kamen der Haß und das Böse, verbrannten den Vogel und streuten die letzten Erinnerungen endgültig in den Wind.
Und sie sahen die letzte bunte Feder auf kleine bunte Blumen herabschweben und

lachten, denn die Herrscher dieser Zeit hatten so etwas noch nicht gesehen.
Die Kinder, die alle Märchen, all die wunderschönen Geschichten des Vogels vergessen hatten, saßen traurig um den leeren, kalten Stein.
Da entdeckte das Kind, das als erstes dem kleinen, bunten Vogel gelauscht hatte, dessen letzte Feder. Und entdeckte die kleinen, bunten Blumen, die es noch nie bemerkt hatte.
Vorsichtig nahm es eine in die Hand und roch daran. Im selben Moment lachten seine Augen, als hätten sie nichts vergessen. Noch einmal zog es den Duft der kleinen, bunten Blume tief ein und begann . . . das Märchen dieser zur Blume gewordenen Feder zu erzählen.
Hunderte Kinderhände jubelten, die Stimmen überschlugen sich. Jede dieser Blumen war eine Geschichte, und man brauchte nur daran zu riechen, um sich ihrer zu erinnern!

Irgendwann hatte man alles vergessen. Der Krieg lag auf einem Heldenfriedhof, Feindschaft und Unterdrückung konnte man im Panoptikum besichtigen, und der Haß

wurde arbeitslos, den Gefühlen zugewiesen und umgeschult.
Und irgendwann waren die Leute wieder Menschen geworden.

Reisemärchen

Von Reisenden wird erzählt, die aufbrechen, um das Abenteuer zu suchen, und die es finden, weil sie lernen, daß das Ziel ihrer Reise nur in ihnen selbst liegen kann.

Kräutermärchen

Von Kräutern erzählen diese Märchen und den verborgenen Kräften, die in ihnen stecken und die wir uns zunutze machen können. Jedes Kraut wird, liebevoll gezeichnet, auf einer Farbtafel vorgestellt.